职业院校金融事务专业教学用书

银行柜员业务实训
（第2版）

王汝梅　刘雄英　主编

电子工业出版社

Publishing House of Electronics Industry

北京·BEIJING

内 容 简 介

全书共 8 个模块 27 个单元，包括岗前准备、日初处理训练、储蓄业务操作训练、个人贷款业务柜台处理训练、对公存贷业务操作训练、代理业务操作训练、支付结算柜台处理训练、日终处理训练。

本书针对金融事务专业中职学生就业岗位，通过本课程的学习和训练，使学生初步了解银行柜员的基本业务流程，掌握银行柜员业务操作技巧和方法，为适应未来工作岗位打下坚实的基础。

本书可作为金融事务专业职业院校学生教材，也可供相关从业人员参考。

本书配有电子参考资料包，请登录华信教育资源网（http://www.hxedu.com.cn）下载。

未经许可，不得以任何方式复制或抄袭本书之部分或全部内容。

版权所有，侵权必究。

图书在版编目（CIP）数据

银行柜员业务实训/王汝梅，刘雄英主编. —2 版. —北京：电子工业出版社，2015.2
职业院校金融事务专业教学用书
ISBN 978-7-121-25502-1

Ⅰ.①银… Ⅱ.①王… ②刘… Ⅲ.①银行业务－中等专业学校－教材 Ⅳ.①F830.4

中国版本图书馆 CIP 数据核字（2015）第 026205 号

责任编辑：陈　虹
印　　刷：北京虎彩文化传播有限公司
装　　订：北京虎彩文化传播有限公司
出版发行：电子工业出版社
　　　　　北京市海淀区万寿路 173 信箱　邮编 100036
开　　本：787×1 092　1/16　印张：13.5　字数：345.6 千字
版　　次：2007 年 7 月第 1 版
　　　　　2015 年 2 月第 2 版
印　　次：2021 年 6 月第 7 次印刷
定　　价：28.50 元

凡所购买电子工业出版社图书有缺损问题，请向购买书店调换。若书店售缺，请与本社发行部联系，联系及邮购电话：（010）88254888，88258888。

质量投诉请发邮件至 zlts@phei.com.cn，盗版侵权举报请发邮件至 dbqq@phei.com.cn。
本书咨询联系方式：chitty@phei.com.cn，010-88254470。

前　　言

本书根据银行柜员岗位要求，将银行柜面常见业务按照柜员工作流程进行编写，重在实操训练，相关理论内容融在案例实操中进行讲解，实现知识的模块化、综合化。

本书由银行一线业务骨干与中职学校金融专业一线骨干教师共同编写，既保证符合行业最新业务要求，又能充分满足学校教学需要。

本书与上版相比，具有以下特点：

（1）根据商业银行最新业务以及对银行柜员的最新要求，所有模块业务内容中均增添银行目前业务新规定、新技术、对柜员岗位的新要求。

（2）本书与全国金融专业技能大赛项目——银行柜台业务处理的要求吻合，学校可采用此教材进行专业训练。

（3）本书根据行业发展要求编写，业务要点更加明确、操作训练更加贴近教学、更加实用。

全书共 8 个模块，包括基础模块和选用模块（以*标示），基础模块的基本实践为必学内容，选用模块的选做实践，学校可以根据教学情况、用人单位、学生实际需要选用某一部分或全部。本书对学时安排提出如下建议：

课程内容	课　时
模块 1　岗前准备	4
模块 2　日初处理训练	4
模块 3　储蓄业务操作训练	18
模块 4　*个人贷款业务柜台处理训练	4
模块 5　对公存贷业务操作训练	14
模块 6　*代理业务操作训练	12
模块 7　*支付结算柜台处理训练	12
模块 8　日终处理训练	4
合　计	72

本书由北京市财会学校王汝梅、刘雄英担任主编，王汝梅、尹杰编写模块 3、模块 4、模块 8，刘雄英编写模块 1、模块 2、模块 6，陈岩编写模块 3、模块 5，哈劲松编写模块 7。

本书的编写过程中，北京市农行、中行、工行的领导给予了许多帮助和指教，在此深表感谢。

由于时间仓促，编者水平有限，疏漏和不足之处在所难免，敬请读者不吝赐教！

编　者

目 录

模块1 岗前准备 ……………………………………………………………………（1）
    单元1 认识银行柜员岗位 ………………………………………………………（1）
    单元2 银行柜员必备的业务技能 ………………………………………………（3）
    单元3 银行柜员的服务礼仪 ……………………………………………………（6）
    单元4 银行柜员的职业操守 ……………………………………………………（10）

模块2 日初处理训练 …………………………………………………………………（16）
    单元1 签到 ………………………………………………………………………（16）
    单元2 出库 ………………………………………………………………………（18）

模块3 储蓄业务操作训练 ……………………………………………………………（22）
    单元1 人民币活期储蓄业务操作 ………………………………………………（22）
    单元2 人民币定期储蓄业务操作 ………………………………………………（46）
    单元3 人民币其他储蓄业务操作 ………………………………………………（64）
    单元4 外币储蓄业务操作 ………………………………………………………（87）
    单元5 特殊业务操作 ……………………………………………………………（97）

模块4 个人贷款业务柜台处理训练 …………………………………………………（100）
    单元1 个人贷款发放业务操作 …………………………………………………（100）
    单元2 个人贷款收回业务操作 …………………………………………………（105）

模块5 对公存贷业务操作训练 ………………………………………………………（108）
    单元1 单位活期存款业务操作 …………………………………………………（108）
    单元2 单位定期存款业务操作 …………………………………………………（123）
    单元3 单位贷款业务柜台操作 …………………………………………………（134）

模块6 代理业务操作训练 ……………………………………………………………（138）
    单元1 代收业务操作 ……………………………………………………………（138）
    单元2 代付业务操作 ……………………………………………………………（144）
    单元3 代理证券业务操作 ………………………………………………………（149）
    单元4 代理保险业务操作 ………………………………………………………（170）
    单元5 代理外汇买卖业务操作 …………………………………………………（174）

模块7 支付结算柜台处理训练 ………………………………………………………（179）
    单元1 结算业务基本规定 ………………………………………………………（179）
    单元2 辖内业务操作 ……………………………………………………………（186）
    单元3 同城业务操作 ……………………………………………………………（194）

模块8 日终处理训练 …………………………………………………………………（206）
    单元1 结平现金 …………………………………………………………………（206）
    单元2 核对重要空白凭证 ………………………………………………………（207）
    单元3 结平账务 …………………………………………………………………（208）

结束语（编者的话） …………………………………………………………………（210）

模块 1 岗前准备

作为一名银行柜员，在正式开始办理业务之前，应该做好必要的知识准备、技能准备和思想准备。

本模块主要介绍临柜柜员在岗前必备的一些基础知识，主要包括银行机构的劳动组织形式——综合柜员制、服务意识和服务技巧的培养以及行规行纪和法律意识的培养。通过学习能够了解：

- 综合柜员制的含义及运作机制。
- 银行柜员必备的业务技能。
- 银行柜员的服务礼仪。
- 银行柜员的职业操守。

单元 1 认识银行柜员岗位

先了解一下银行柜员岗位吧！

1. 银行柜员岗位设置

综合柜员制是适应现代银行柜面业务的要求发展起来的一种柜员制度。银行综合柜员实行单人临柜处理会计、出纳、储蓄、中间业务等面向客户的全部业务。目前，我国大多数银行都实行综合柜员制。

根据柜员的业务设置不同，可将柜员分为临柜柜员和非临柜柜员。

临柜柜员是指直接面对客户，对外办理现金收付、转账结算、代理业务等工作的柜员。

非临柜柜员是办理联行、记账业务，各类卡片的保管、印押证使用和管理、电子汇兑、票据交换、资金清算、负责会计信息的分析及反馈等综合工作的柜员。各银行根据其承担的具体工作不同将其分为不同的岗位，非临柜柜员按综合应用系统业务可以划分为联行柜员、交换柜员、管库柜员、记账柜员、督察柜员等。

> 临柜柜员和非临柜柜员有哪些联系与区别？

提示

临柜柜员直接面对客户，对外办理现金收付业务；非临柜柜员服务于临柜柜员，负责临柜业务的后续处理，不能直接面对客户，其柜员终端不设在营业窗口处，不能对外办理现金收付业务。

在综合应用系统中，临柜柜员既配置现金箱，又配置凭证箱；而非临柜柜员仅配置凭证箱，不得配置现金箱。

非临柜柜员的工作既不同于临柜综合柜员，又服务于临柜综合柜员，既办理具体的清算业务，又是营业场的管理和监督者。

> 对于银行柜员，银行还有哪些相应的管理呢？

2. 银行柜员管理

由于银行业务电算化，各种业务都通过联机交换及批量处理来实现，为加强内部控制，防范风险，银行就必须按照"事权划分、事中控制"的原则对银行从业人员进行科学有效的管理，明确责任，相互制约。

"事权划分"是针对银行各业务设置不同的业务岗位，每个岗位又有不同的操作经办权限。商业银行柜面业务的岗位所辖交易设有执行权、查询权、授权权等权限，并具有相应的操作金额。

"事中控制"是指临柜大金额业务及特殊业务须双人操作，相互监督。

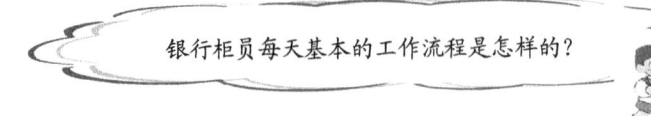

> 银行柜员每天基本的工作流程是怎样的？

3. 银行柜员工作流程

银行柜员每天柜面日常工作流程可分为三个阶段。

第一，日初处理：包括签到、现金和重要凭证的领用与出库。

第二，日间业务：根据业务岗位不同分为个人储蓄业务、个人贷款业务、对公存贷业务、代理业务、结算业务等。

第三，日终处理：包括现金、重要凭证入库、尾箱轧账、签退。

银行柜面业务计算机处理一般流程的简单表示如图1-1所示。

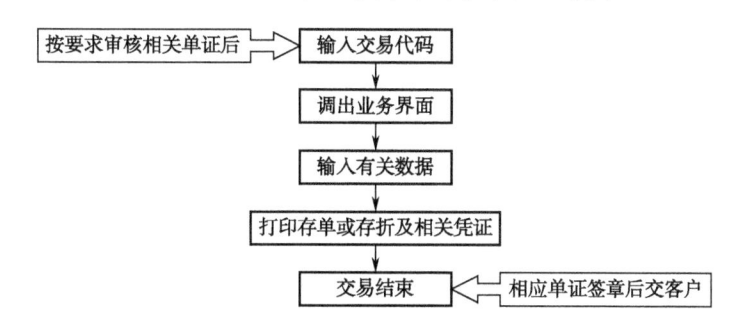

图1-1　银行柜面业务计算机处理的一般流程

单元2　银行柜员必备的业务技能

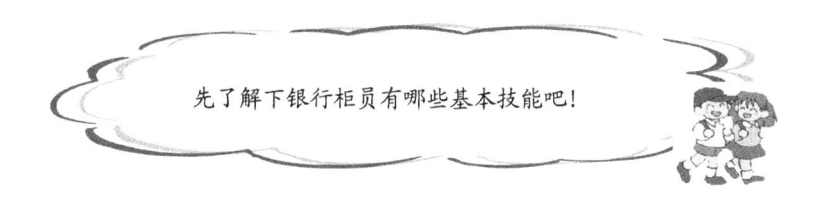

先了解下银行柜员有哪些基本技能吧!

1. 银行柜员书写技能

银行、单位和个人填写的各种票据和结算凭证是办理支付结算和现金收付的重要依据，直接关系到支付结算的准确、及时和安全。因此，银行综合柜员票据书写是否规范，直接影响到收付款业务工作的质量。票据和结算凭证是银行、单位和个人凭以记载账务的会计凭证，是记载经济业务和明确经济责任的一种书面证明。填写票据和结算凭证，柜员必须做到标准化、规范化，要求要素齐全、数字正确、字迹清晰、不错漏、不潦草、防止涂改。

（1）小写阿拉伯数字书写。

排列整齐有度：阿拉伯数字应当一个一个地写，不得连笔写，排列要整齐，在书写时应有一定的斜度，一般可掌握在60°左右。

高度适中：书写有高度标准，一般要求在书写数字时，数字的高度占凭证账页横格高度的1/2为宜，书写时要注意紧靠横格底线，在上方留出更正空间。

间距均衡：数字之间要保持均衡的间距，每个数字要大小一致，数字间的空隙应均匀，约半个数字大小，不宜过大以防被添加数字。在印有数位线的凭证、账簿、报表上，每格只能写一个数字，不得几个数字挤在一个格里，也不得在数字中间留有空格。

（2）中文大写数字书写。

中文大写金额数字，一律用正楷或行书书写。例如，在书写壹、贰、叁、肆、伍、陆、柒、捌、玖、拾、佰、仟、万、亿、元、角、分、零、整（正）等字时，要用易于辨认、不易涂改的字样，不得用一、二、三、四、五、六、七、八、九、十、另、毛等简化字代替,不得任意自造简化字。

① 末尾正确。

大写金额数字到元或角为止的,在"元"或"角"之后应写"整"或"正"字;大写金额数字有分的,"分"字后面不写"整"字。

② 币种开头。大写金额数字前未印有货币名称的,应当加填货币名称(如"人民币"字样),货币名称与金额数字之间不得留有空白。

③ 特别的"零"字。阿拉伯金额数字中间有"0"时,大写金额要写"零"字,如人民币 101.50 元,大写金额应写成"人民币壹佰零壹元伍角整"。阿拉伯金额数字中间连续有几个"0"时,大写金额中可以只写一个"零"字,如人民币 1004.56 元,大写金额应写成"人民币壹仟零肆元伍角陆分"。阿拉伯金额数字元位为"0",或数字中间连续有几个"0",但角位不是"0"时,大写金额可只写一个"零"字,也可不写"零"字。

④ "壹"字的妙用。表示数字拾几、拾几万时,大写金额必须有数字"壹"字,因为"拾"字代表位数,而不是数字。例如,10 元应写为"壹拾元整",16 元应写成"壹拾陆元整"。

● 练一练

通过填写各种票据,进行阿拉伯数字、中文大写数字的书写练习。

2. 点钞技能

点钞是一个从拆把开始到扎把为止的连续、完整过程。它一般包括拆把持钞、清点、记数、墩齐、扎把、盖章等环节。要加速点钞速度,提高点钞水平,必须把各个环节的工作做好。

(1) 拆把持钞。

成把清点时,首先需将腰条纸拆下。拆把时可将腰条纸脱去,保持其原状,也可将腰条纸用手指勾断。通常初点时采用脱去腰条纸的方法,以便复点时发现差错进行查找,复点时一般将腰条纸勾断。持钞速度的快慢、姿势是否正确,也会影响点钞速度。要注意每种点钞方法的持钞方法。

(2) 清点。

清点是点钞的关键环节。清点的速度、清点的准确性直接关系到点钞的准确与速度。因此,要勤学苦练清点基本功,做到清点既快又准。在点钞过程中如发现差错,应将差错情况记录在原腰条纸上,并把原腰条纸放在钞券上面一起扎把,不得将其扔掉,以便事后查明原因,另作处理。

(3) 记数。

记数也是点钞的基本环节,与清点相辅相成。在清点准确的基础上,必须做到记数准确。

(4) 墩齐。

钞券清点完毕扎把前,先要将钞券墩齐,以便扎把保持钞券外观整齐美观。票子墩齐要求四条边水平,不露头或不呈梯形错开,卷角应拉平。墩齐时,双手松拢,先将钞券竖起来，双手将钞券捏成瓦形在桌面上墩齐，然后将钞券横立并将其捏成瓦形在桌面上墩齐。

（5）扎把。

腰条纸要求扎在钞券的 1/2 处，左右偏差不得超过 2 公分。同时要求扎紧，以提起第一张钞券不被抽出为准。

（6）盖章。

盖章是点钞过程的最后一环，在腰条纸上加盖点钞员名章，表示对此把钞券的质量、数量负责，所以每个综合柜员点钞后均要盖，而且图章要盖得清晰，以看得清行号、姓名为准。

● 练一练

用 100 张练功券分别用各种点钞方法进行点钞练习。

3．汉字或传票录入技能

（1）录入方法。

汉字录入方法很多，当前普遍使用的汉字录入方法主要是五笔字型输入法、智能 ABC 输入法、搜狗拼音输入法。

（2）操作流程。

汉字录入基本操作流程如下：激活汉字输入法→输入汉字→输入结束→检查修正阶段。

● 练一练

① 熟练掌握计算机键盘的盲打指法。

② 选用适合的汉字输入软件。

③ 定时计量，分组测试；要求速度快，准确率高。

4．翻打传票技能

翻打传票技能主要步骤包括 3 个方面：左手翻页、眼睛看数、右手操作计算工具。操作工具主要包括算盘、计算器、计算机数字键盘。

（1）整理传票。

翻打传票前将传票整理成扇面形状。方法是：左手拇指放在传票的左上方，其余四指放在传票背面左下方；右手拇指放在传票的右上方，其余四指放在传票背面右下方；然后用右手捏住传票，并将传票右上角以右手大拇指为轴向怀内翻卷，翻卷后左手随即捏紧，右手放开。

重复上述动作，直到把传票捏成幅宽适当、票页均匀的扇形。然后用夹子将传票的左上角夹住，使扇形固定。将整理好的传票，封底向上突出，封面向下突出，便于翻页。

(2) 翻打。

左手拇指点翻传票的右下角，上翻之后由食指挡住传票；右手要同时在计算器（或计算机小键盘）上敲入相应的金额。在敲入第一张传票上的数字时，第一张传票已经捏在手里了，一打完，立即翻掉，这样能加快翻打速度。

翻打传票时，必须做到翻页、看数和击键协调进行，只有做到眼、脑、手紧密配合，不停顿地连续下去，才能提高运算的速度。

● 练一练

① 练习将传票整理成扇面形状。
② 熟练掌握键盘的盲打指法。
③ 定量计时，分组测试。传票数量100张，计算器或计算机计数。要求速度快、准确率高。

单元3　银行柜员的服务礼仪

银行柜员服务礼仪是指在银行柜员业务活动中通行的，带有金融行业特点的行为规范和交往礼节。

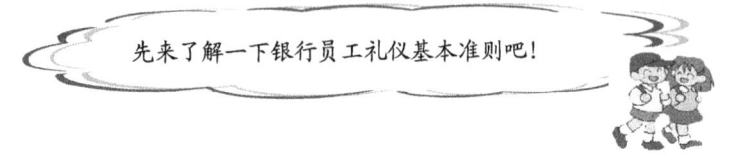

先来了解一下银行员工礼仪基本准则吧！

1．银行员工礼仪修养基本准则

（1）遵时守信。

遵时，就是要遵守规定或约定的时间，不能违时或失约。违时、失约、不守信用等，都是失礼的行为，是人际交往中的大忌。

（2）真诚谦虚。

人际交往中，需要诚心待人，心口如一，谦恭虚心，不能自以为是。

（3）热情适度。

热情是指对人要有热烈的感情，使人感到温暖；适度是指对人热情的表现要有一定的分寸，恰到好处，使人感到亲切自然。

（4）理解宽容。

在人际交往中，理解和宽容是十分重要的，这也是礼仪修养的基本功之一。所谓理解，就是懂得别人的思想感情，理解别人的立场、观点和态度；宽容，就是大度，宽宏大量，能容人，在非原则问题上，能够原谅别人的过失。

（5）互尊互助。

互尊就是人与人之间要互相尊重；互助就是人与人之间要互相帮助。

2. 仪容仪表

仪容仪表，简单说就是指人的外表。包括容貌姿态、衣着打扮、举止风度等。银行员工的仪表不仅体现其本人内在的修养、气质，而且也体现着银行的精神风貌。作为银行工作人员，上班时的穿着就应该庄重、文雅，发型、打扮要适合职业特点，修饰、化妆适当，保持精神焕发，整洁大方，如图1-2所示。

图1-2 银行员工仪容仪表

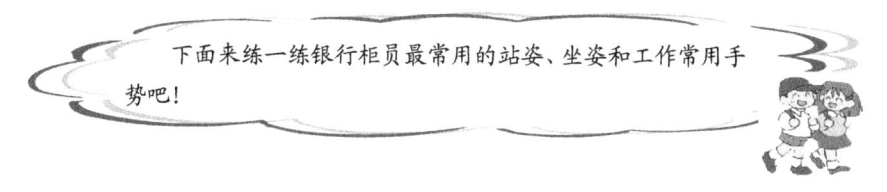

下面来练一练银行柜员最常用的站姿、坐姿和工作常用手势吧！

（1）银行工作者服务时的站姿。

① 垂手站姿。

要点：两脚并拢，两膝并严，两腿直立，提髋收腰，吸腹收臀，挺胸抬头，下颌微收，双目平视，手自然下垂，如图1-3（a）所示。

② 前交手站姿。

要点：（男士）两脚间距不超过肩宽，两手腹前交叉，身体重心于两脚上，身体直立，注意不要挺腹或后仰，如图1-3（b）所示。

（女士）两脚尖展开，右脚在前，右脚跟靠于左脚内侧前端，两手腹前交叉。

③ 后交手站姿。

要点：两脚跟并拢脚尖展开，两手在身后交叉，挺胸立腰，下颌微收，双目平视，如图1-3（c）所示。

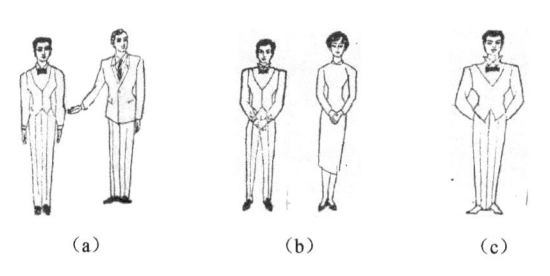

（a） （b） （c）

图1-3 银行工作者服务时站姿

（2）坐姿规范。

坐是一种静态造型，落坐要先看好位置，轻稳入座，坐姿要给人安祥端庄的形象。

① 垂直式坐姿。

要点：腰背挺直，双肩放松，女士双膝并拢，男士膝部分开不超过肩宽，如图1-4（a）所示。

② 重叠式坐姿。

要点：膝处重叠，架起的腿不能翘起，更不能摇动。女士要尽力使架起的小腿与支地腿平行，不翘脚尖，如图1-4（b）所示。

③ 交叉式坐姿。

要点：双脚踝交叉，或前伸或后屈，只前脚掌着地，如图1-4（c）所示。

④ 开关式坐姿。

要点：女士双膝并紧，两小腿前后分开，两脚在一条线上，男士可采取前后分开，也可左右分开，如图1-4（d）所示。

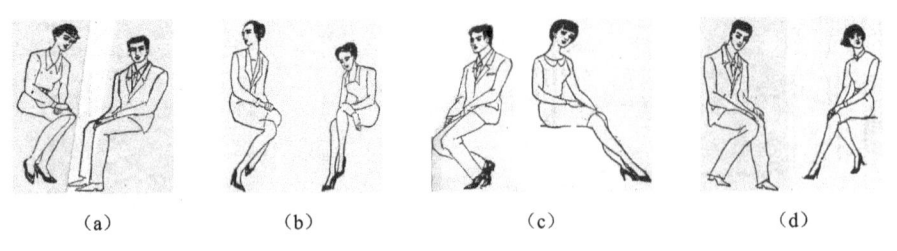

(a)　　　　　　(b)　　　　　　(c)　　　　　　(d)

图1-4　银行工作者服务时坐姿

（3）工作常用手势。

手势是体态语言中最重要的传播媒介，是通过手和手指活动传递信息，是展示自己才华和修养的重要外在形态。

① 横摆式。在银行服务工作中，表示"请"时，经常采用手臂横摆式。

要点：以右手为例，五指伸直并拢，手心向斜上方，肘关节微屈，腕关节要低于肘关节。动作时，手从腹前抬起，以肘关节为轴向右摆动，到身体右侧稍前的地方停住，如图1-5（a）所示。

② 直臂式。当给来宾指引方向时，须采用规范手势，不能用一个手指，指指点点。

要点：五指伸直并拢，屈肘由身前抬起。抬到与肩同高时，再向要指的方向伸出前臂，如图1-5（b）所示。

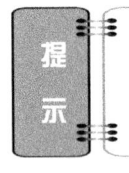

> **提示**　与"横摆式"的不同点是手臂的高度与肩同高，肘关节伸直。

③ 曲臂式。当一只手拿着东西，扶着电梯门或房间门，同时要做出"请"的手势时，可用另一只手采用曲臂手势。

要点：以右手为例，五指伸直并拢，从身体侧前方，由下向上抬起至上臂离开身体45°的高度，然后以肘关节为轴，手臂由体侧向体前摆动，摆到手与身体相距20cm处停住，面向右侧，目视来宾，如图1-5（c）所示。

④ 斜式。请来宾入座时，手势要向斜下方。

要点：一只手屈臂由前抬起，再以肘关节为轴，前臂由上向下摆动，使手臂向下呈一斜线，并微笑点头示意来宾，如图1-5（d）所示。

(a)　　　　(b)　　　　(c)　　　　(d)

图1-5　银行工作者常用手势

> **提示**：打电话的注意事项：打电话过程中绝对不能吸烟、喝茶、吃零食，即使是懒散的姿势对方也能够"听"得出来。如果你打电话的时候，弯着腰躺在椅子上，对方听你的声音就是懒散的；若坐姿端正，所发出的声音也会亲切悦耳，充满活力。因此打电话时，即使看不见对方，也要当作对方就在眼前，尽可能注意自己的姿势。

3. 银行柜员服务技巧

（1）坚持"三声"服务。

即来有迎声、问有答声、走有送声。

（2）行为举止要体现出"四心"。

诚心，就是要诚恳待人，想客户所想，急客户所急，虚心听取意见，不断改进工作。一般没必要每次起立迎送客户，但是在向客户道歉、需要特殊关照客户以及听取客户意见时，都应该主动起立，以体现诚恳和尊重的态度。在办理业务时间，看书报杂志、聊天，甚至把小孩、亲友带到营业柜台内的行为都是纪律所不允许的。

热心，需要发扬"一团火"精神，主动热情地为客户服务。

细心，就是要在细微处见精神，处处体现周到、细致、关心、方便。例如，为客户提供纸笔、墨水、印泥、擦印章布、老花镜等一些服务用具，发现储户的存折破损主动粘贴或更换等。

耐心，是指办理业务不怕麻烦，执行规章制度做好解释。即使发生纠纷时，也要以克制忍让、冷静耐心的态度来对待，做到"得理也让人"。

（3）服务用语训练。

银行员工在工作和公共场合中必须使用的文明用语："请、您好、欢迎（您）光临、请稍等、对不起、请提意见、谢谢、欢迎再来、再见"等。见面称呼时，姓名加同志或职务加同志，或同志。

● 练一练

下列服务用语是否恰当？如有不当，应如何说并填在下列横线上。

（1）储户对利息提出疑问时，说：利息是计算机计算出来的，还能错。/银行还能坑你吗？/不信，找人去算。

（2）客户办理提前支取时，存单与身份证姓名不一致时，说：你自己写错了怨谁。

（3）客户刚办理存、取款业务，又要求取、存钱时，说：刚存（取）怎么又取钱。/以后想好了再存（取）。

（4）客户办理交款业务时，说：你的钱太乱了，整好再交。

（5）临近下班时，说：下班了，明天再来吧。

4）微笑服务与微笑训练

微笑总是好的。在许多情况下，微笑的表情可以帮助你应付自如。亲切、温馨的微笑，可以有效地缩短双方的距离，创造良好的心理气氛。

微笑着接受批评，显示你承认错误但又不诚惶诚恐；

微笑着接受荣誉，你充满喜悦但不是骄傲自满。

"你今天对顾客微笑了没有？"美国希尔顿旅馆的董事长康纳·希尔顿常这样问下属，"无论旅馆本身遭遇的困难如何，希尔顿旅馆服务员脸上的微笑，永远是属于旅客的阳光。"如果服务人员有"顾客是上帝"的观念，面容上就不难保持发自内心的微笑。

● 想一想

关于微笑的思想训练（如何做到发自内心的笑）。

● 练一练

练就属于自己的微笑。

单元4　银行柜员的职业操守

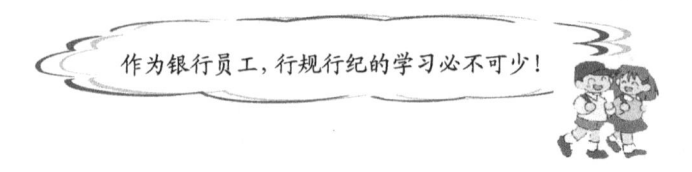

作为银行员工，行规行纪的学习必不可少！

1. 行规行纪与职业道德教育

（1）银行从业人员行为基本准则。

银行从业人员的行为应遵循"爱岗敬业、客户至上、称职谨慎、诚实守信、守法合规、廉洁自律"的基本准则。

① 爱岗敬业。银行从业人员要对所从事的银行工作树立起荣誉感、使命感和责任感，热爱所从事的职业，勤奋工作、乐于奉献、态度认真、坚守岗位，高质量地完成各

项工作任务。

② 客户至上。银行从业人员要为客户提供优质的服务，以客户为本，尊重客户，在服务态度、服务质量、服务效率等各方面精益求精。以专业化、人性化的服务赢得客户的理解与支持，树立良好的行业形象。

③ 称职谨慎。银行从业人员应当具备良好的职业技能，能够胜任本职工作、履行自己的职责。这就要求银行从业人员做到勤奋好学、刻苦钻研，不断提高业务素质，体现自身良好的职业胜任能力。同时银行从业人员还应当具有谨慎的工作作风，坚持实事求是、扎实严谨的工作态度。

● 想一想

银行柜员应具备哪些基本的职业技能？

④ 诚实守信。银行从业人员应当不断加强自身修养，做到诚实守信、品行端正。在处理客户、同业、内部关系时，珍视信誉，信守承诺，以端正的品行维护银行的形象与声誉。

⑤ 守法合规。银行从业人员应严格遵守国家的法律法规和金融方针政策，一切活动都要以国家的法律法规和银行的各项规章制度为准绳，牢固树立合规意识，注意结合实际情况并与国际惯例接轨，共同塑造银行业合法守规的良好形象。

⑥ 廉洁自律。银行从业人员对自己要廉洁自律，始终做到自重、自省、自警，遵守国家有关廉洁自律的各项规定，规范从业行为。管理人员和柜台业务人员更要高标准、严要求，自觉接受监督，在工作中不徇私情，不行贿受贿；自觉抵制各种腐朽思想与低级趣味，防范和化解道德风险；在行业内形成良好风气，维护中国银行业整体形象。

（2）银行柜员与所在银行。

> 作为银行的一员，必须做到以下几点。

① 以所在银行为荣，维护银行形象。银行柜员要树立对所在银行的荣誉感，以银行的发展为己任，认真实践企业文化和培养团队合作精神，树立主人翁责任感，积极提出合理化建议。

银行柜员在工作时间或代表银行执行公务时，着装应当整洁、得体、美观、庄重，仪表应当整洁、素雅、大方，与职业身份、工作岗位和环境要求相称。

② 在岗位上为银行做出贡献。银行柜员在自己的岗位上，勤奋工作、遵守纪律、尽职尽责、乐于奉献、态度认真、坚守岗位，高质量地完成各项业务，努力为客户提供热情、周到、优质高效的服务，以专业化、人性化的服务赢得客户的理解与支持。

③ 遵守银行工作纪律。

● 银行柜员应遵守银行日常办公纪律。银行柜员应遵守银行业务流程和内控制度。

严格遵守银行出勤和休假制度，不得无故迟到、早退，不得旷工。员工休假应按规定申请批准并及时办理好工作交接。在银行营业网点和银行资金交易、信用卡授权、安全保卫、系统维护等特殊岗位工作的员工，应遵守银行专门的考勤和休假规定。基层经营性机构负责人和其他重要业务岗位上的员工，应遵守银行强制休假的规定。

- 银行柜员应遵守国家和本单位的安全与公共卫生管理制度。银行柜员必须按职责预防和报告安全、公共卫生隐患，及时妥善处理各类安全、公共卫生事故。积极配合银行实施的各项防火、防盗、防毒、防疫等措施，不得以个人利益进行阻挠或妨碍。应对银行设置的安全警告指示、消防器材、警报器等予以合理的注意和保护，无故不得移动或毁损。

（3）银行柜员与客户。

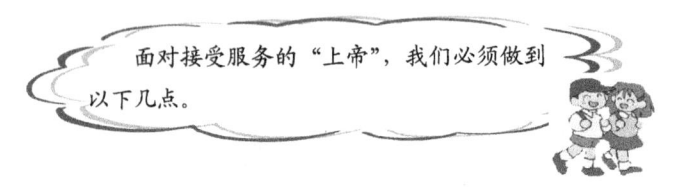

> 面对接受服务的"上帝"，我们必须做到以下几点。

① 按规定为客户提供专业、高效、周到、文明的优质服务。为客户提供服务时，应使用规范服务用语，不得使用服务禁忌语言。

办理业务时，应坚持"客户自愿"原则，向客户提供清楚、真实、可靠的相关信息，不得欺骗、误导客户。

对于客户提出的合理服务要求要尽力满足，如果确实存在大量的客户需求，而银行目前并不能提供该项服务，应该及时汇报，组织力量进行调研，进行可行性论证，加快金融产品创新的步伐。

银行柜员应认真遵守柜台服务规范，熟练掌握柜台服务方法、技能和技巧。

② 尊重客户。银行柜员在办理业务过程中不得因国籍、民族、宗教、年龄、肤色、残疾、业务金额大小等理由对客户有所冷淡、歧视、刁难或其他不尊重。

③ 为客户保密。银行柜员对于在业务过程中知悉的客户信息资料都要予以保密，不得向亲属、朋友、媒体或任何其他人或机构透露，不得利用客户资料谋取个人利益。银行柜员向人民法院、人民检察院、公安、税务等机关提供客户信息资料必须符合国家法律、法规的规定，严格按银行规定的程序执行。

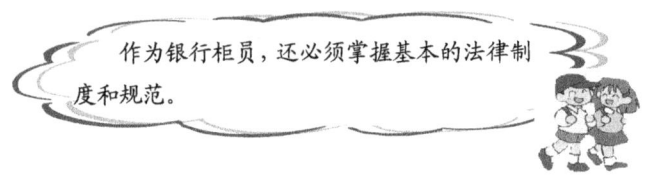

> 作为银行柜员，还必须掌握基本的法律制度和规范。

2. 商业银行基本法律制度

公民不具备一定法律知识将无法和他人进行经济、民事活动。银行行为受法律约束，其内部也要依法管理，所以"依法治行"是各家银行的行为出发点。为此要求每个银行员工都必须具备一定的法律知识。

(1) 商业银行对存款人的保护。

① 商业银行的个人储蓄原则。商业银行办理个人储蓄业务应当遵循"存款自愿、取款自由、存款有息、为储户保密"的原则。世界上大多数国家都以法律的形式保护个人储蓄的合法性，我国也不例外，我国宪法规定：国家保护公民的合法收入、储蓄、房屋和其他合法财产的所有权。

> **提示**：为了严格执行为储户保密的原则，储蓄机构及其储蓄工作人员应遵守"四不"纪律，即：在柜台上不议论储户存款数字；回家后对亲戚朋友不谈论储户存款的情况；未经储户同意，对外宣传不引用储户的真实姓名，也不能用储蓄金额或有关情况作为典型材料；没有合法的手续，不对任何单位或个人提供储户的储蓄情况。

② 银行存款的查询、冻结及扣划。对个人的储蓄存款，商业银行有权拒绝任何单位或个人查询、冻结、扣划，但法律另有规定的除外。对单位存款，商业银行有权拒绝任何单位或个人查询，但法律、行政法规另有规定的除外；有权拒绝任何单位或个人冻结、扣划，但法律另有规定的除外。

法院、检察院或安全部门在处理案件时，若需要查询或要求暂停支付储户的存款，必须向银行出具具有法律效力的正式查询公函或正式通知，只有人民法院的正式判决书，才能没收储蓄存款。除此以外，其他任何部门、任何单位、任何个人都无权查询或要求冻结、没收个人的储蓄存款。

③ 商业银行的存款利率和利息。商业银行应当按照中国人民银行规定的利率的上下限确定存款利率，并予以公告。

商业银行应当保证存款本金和利息的支付，不得拖延、拒绝支付存款本金和利息。

我国《商业银行法》规定，商业银行无故拖延、拒绝支付存款本金和利息对存款人或者其他客户造成财产损害的，应当承担支付延迟履行的利息以及其他民事责任。

我国《商业银行法》第四十七条明确规定：商业银行不得违反规定提高或者降低利率以及采用其他不正当手段，吸收存款，发放贷款。

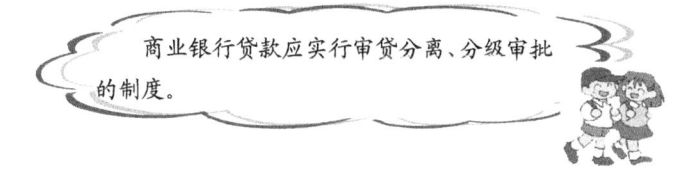

> 商业银行贷款应实行审贷分离、分级审批的制度。

(2) 商业银行贷款业务的基本规则。

① 贷款审查。商业银行贷款，应当对借款人的借款用途、偿还能力、还款方式等情况进行严格审查。商业银行办理贷款业务，一般都要由借款人按照贷款规定的要求，向商业银行提出贷款申请，并附有关资料。商业银行接受贷款申请后，进行贷款审查工作。贷款审查是银行信贷资金安全的重要保证，必须予以高度重视。

② 借款担保。商业银行贷款，借款人应当提供担保。商业银行应当对保证人的偿还能力，抵押物、质押物的权属和价值以及实现抵押权、质押权的可行性进行严格审查。经商业银行评估，确认借款人资信良好，确能偿还贷款的，可以不提供担保。

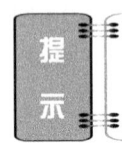

> **提示**　借款人提供的担保，一般分为保证、抵押、质押三种。

③ 贷款合同。商业银行贷款，应当与借款人订立书面合同。合同应当约定贷款种类、借款用途、金额、利率、还款期限、还款方式、违约责任和双方认为需要约定的其他事项。

订立贷款合同，是商业银行贷款业务的必经程序，也是贷款管理工作的重要内容，对于明确商业银行与借款人的权利和义务，保护双方当事人的合法权益，保障商业银行按期收回贷款，保证信贷资金的安全起着主要作用。

（3）商业银行的其他业务规则。

① 商业银行业务禁止。我国《商业银行法》第四十三条规定：商业银行在中华人民共和国境内不得从事信托投资和证券经营业务，不得向非自用不动产投资或者向非银行金融机构和企业投资，但国家另有规定的除外。

② 结算业务、同业拆借业务的规定。我国《商业银行法》第四十四条规定：商业银行办理票据承兑、汇兑、委托收款等结算业务，应当按照规定的期限兑现，收付入账，不得压单、压票或者违反规定退票。有关兑现、收付入账期限的规定应当公布。

我国《商业银行法》第四十六条规定：同业拆借，应当遵守中国人民银行的规定，禁止利用拆入资金发放固定资产贷款或者用于投资。

拆出资金限于缴足存款准备金、留足备付金和归还中国人民银行到期贷款之后的闲置资金。拆入资金用于弥补票据结算、联行汇差头寸的不足和解决临时性周转资金的需要。

③ 收费规定。办理业务，提供服务，按规定收取手续费。收费的项目和标准由国务院银行业管理机构、中国人民银行会同国务院价格主管部门制定。

（4）反洗钱法律制度。

洗钱是指将毒品犯罪、黑社会性质的组织犯罪、恐怖活动犯罪、走私犯罪或其他犯罪的违法所得及其产生的收益，通过各种手段掩饰、隐瞒其来源和性质，使其在形式上合法化的行为。

① 中国人民银行是金融机构反洗钱工作的监管机关。中国人民银行设立金融机构反洗钱工作领导小组，履行监管职责。中国人民银行颁布了《金融机构反洗钱规定》、《人民币大额和可疑支付交易报告管理办法》和《金融机构大额和可疑外汇资金交易报告管理办法》，标志着中国反洗钱工作开始走上制度化轨道。

② 金融机构反洗钱职责和要求。金融机构及其工作人员应当依照规定认真履行反洗钱业务，审慎地识别可疑交易，不得从事不正当竞争妨碍反洗钱义务的履行。金融机构在为客户提供金融服务时发现大额交易的，应当按有关规定向中国人民银行或者国家

外汇管理局报告。对大额资金交易进行审查与分析,发现是犯罪的应及时向当地公安部门报告。

金融机构应当按下列规定期限保存客户资料和交易记录。账户资料,自销户之日起至少5年;交易记录,自交易记账之日起至少5年。

交易记录包括账户持有人通过该账户存入或提取的金额经营时间、资金的来源和去向、提取资金的方式等。

账户资料和经营记录的保存按照国家有关会计档案管理的规定执行。

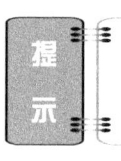

> **提示** 作为银行柜员,应该牢记以下两句话:
> - "违规与违法没有不可逾越的鸿沟";
> - "勿以恶小而为之,勿以善小而不为"。

模块 2 日初处理训练

作为一名临柜柜员，每天办理日常业务之前必须进行签到、出库等日初处理工作，才能进入综合应用系统进行正常的业务操作，开始对外办理业务。

本模块主要介绍临柜柜员在日初操作中签到、出库的操作流程及操作要点，通过训练能够熟练地进行如下操作：
- 签到。
- 操作员密码修改。
- 增加尾箱。
- 现金出库。
- 凭证领用、出库。

单元 1 签到

[训练目标]

通过本单元的练习，掌握签到的操作流程；学会操作密码的修改。

柜员签到是在柜员终端进行的，在签到前根据操作权限由主管进行主机开机。

案 例

柜员张明初次上岗，进行签到操作。

1. 刷卡

在主机开启成功后，临柜柜员用自己的权限卡刷卡，登录签到界面。

权限卡是指业务人员在办理业务时所必须持有的，表明、控制其业务处理权限范围的磁卡。

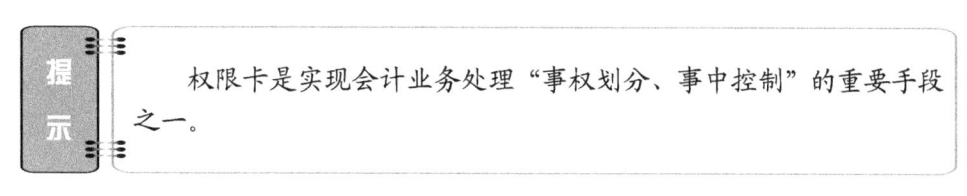

> **提示** 权限卡是实现会计业务处理"事权划分、事中控制"的重要手段之一。

2. 输入交易部门、柜员号、钱箱号、初始操作密码

交易部门是柜员所在行、所代码。

柜员号是柜员在一个中心范围内的唯一标识,也是柜员进入综合应用系统的唯一合法身份,通常为4位字符(字母或数字),由系统运行中心按营业机构编码分配。经管辖行批准后,主管对所属柜员号可进行增加、减少、修改。

钱箱号:每个柜员都需要建立自己的钱箱号,具体内容将在随后章节进行介绍。

初始操作密码是每个业务人员首次使用权限卡时或权限卡处于待启用状态时,由会计结算部门负责人在计算机上为其启用权限卡设定的初始密码。

输入交易部门、柜员号、钱箱号、密码后,签到完成,进入柜台交易画面。

> **提示** 传统内部身份认证方式是通过输入用户名和密码(键盘输入或者刷卡输入),有的银行采用指纹替代原有的密码,在银行中心服务器进行指纹比对。

3. 通过指纹认证系统签到

指纹认证系统是指采用指纹识别技术,对使用 ABIS 的柜员进行身份认证与管理的应用系统,通过对认证指纹与指纹数据库中已采集的指纹进行核对,完成柜员身份的验证,系统流程如图2-1所示。

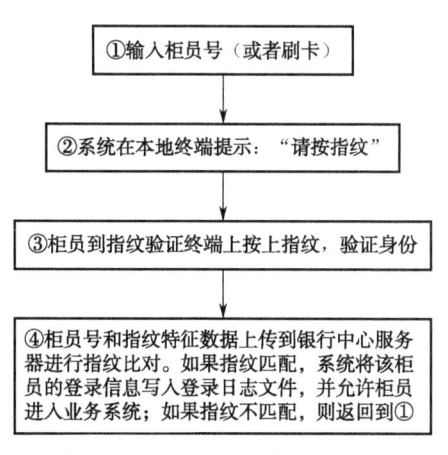

```
①输入柜员号(或者刷卡)
          ↓
②系统在本地终端提示:"请按指纹"
          ↓
③柜员到指纹验证终端上按上指纹,验证身份
          ↓
④柜员号和指纹特征数据上传到银行中心服务
  器进行指纹比对。如果指纹匹配,系统将该柜
  员的登录信息写入登录日志文件,并允许柜员
  进入业务系统;如果指纹不匹配,则返回到①
```

图2-1 指纹认证系统签到流程

4. 修改密码

进入系统后,首先要修改柜员密码,操作密码不得使用初始密码或简单的重复数字、顺序数字,并要严格保密,防止泄露,且每月至少要更换一次操作密码。

进入修改密码界面，如图 2-2 所示。输入旧密码，在"新密码"和"重复新密码"栏中两次输入新的密码，回车即可。

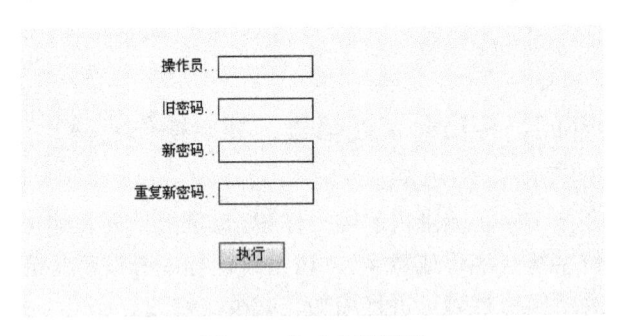

图 2-2　修改密码界面

> 柜员密码管理要遵守如下规定。
> ① 柜员首次使用系统时，必须首先修改自己的柜员密码。
> ② 柜员要保管好自己的密码，原则上要求每月修改一次。
> ③ 如因密码泄露或将密码交由他人使用而造成的损失由柜员自己负责。
> ④ 柜员密码忘记可由其他柜员进行柜员密码修改操作，对其密码进行挂失。挂失的密码必须由中心机房进行解挂并更换成新密码。

单元 2　出库

[训练目标]

通过本单元的练习，掌握现金和重要凭证领用出库的操作流程。

临柜柜员在办理日间业务操作前，首先应领取一定量的现金、重要空白凭证。此外，还要将上日封存入库的尾箱从业务库中领出，以上这些业务即是办理出库。

> 对网点来说，专人或指定柜员把支行的凭证或现金领到库钱箱中，该项操作的领用必须是全额领用，即支行分配多少必须领多少。然后每个柜员进行"现金/凭证出库"的操作，将自己办理业务所要使用的现金和凭证从网点库钱箱领到自己的柜员钱箱中。柜员与柜员之间可使用"现金/凭证调配"相互协调使用（只能由调出柜员做）。

1. 现金出库

钱箱，分为物理钱箱和电子钱箱。物理钱箱是指存放现金实物的款箱；电子钱箱又称为虚拟钱箱，是指在系统中被授权做现金业务的柜员，进行现金业务处理的虚拟库存现金箱。

（1）发钱箱。

每日营业前，营业网点需领回寄存的实物钱箱。钱箱操作员使用"发钱箱"交易，经主管授权后领取电子钱箱，并使用"查询钱箱明细"交易与现金实物核对，无误后加计柜员钱箱金额与本网点库存现金实物核对一致。钱箱操作员再次使用"发钱箱"交易给前台柜员发电子钱箱。

> **提示**　由柜员组长或专职的钱箱管理员进行发钱箱交易，物理钱箱与电子钱箱二者的款项必须一致。

（2）领钱箱。

① 临柜柜员向网点管库员领取现金实物。现金出库界面如图 2-3 所示。

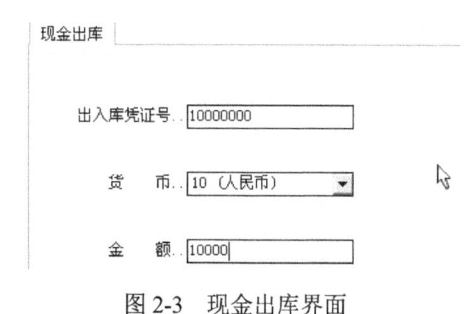

图 2-3　现金出库界面

② 使用"领钱箱"交易向钱箱柜员领取对应的钱箱。
③ 用"查询钱箱明细"交易与现金各券别实物一一核对。

> **提示**　本所库钱箱本网点所有柜员都可使用，柜员钱箱只许本柜员使用，如果一个柜员不注册钱箱，则只能做转账业务而不能做现金业务。

2. 重要空白凭证出库

重要空白凭证是指银行印制的、经银行或客户填写金额并签章后即具有支付效力的空白凭证，如支票、银行汇票、商业汇票、不定额银行本票、存折、存单、国债凭证、银行卡、印签卡、内部往来划收（付）款凭证、电子清算划收（付）专用凭证等。

在重要空白凭证管理中，综合应用系统要求每个营业网点都要设一个"凭证库房"；每个办理现金业务的临柜柜员，都要有一个"凭证箱"。对于重要空白凭证，柜员要严格遵守"先领用、再使用"这一操作流程。在使用中还必须按凭证号码从小到大顺序使用，不能跳号使用。

（1）柜员填写"重要空白凭证出库单"交管库柜员。

柜员根据业务量的情况，决定所要领取的空白重要凭证的数量、种类，填写两联"重要空白凭证出库单",经主管同意后交管库柜员。

(2)管库柜员发出重要空白凭证。

管库柜员根据"重要空白凭证出库单"所填凭证种类、数量登记"重要空白凭证保管领用登记簿",填写凭证起讫号码,交领入柜员。

(3)系统操作。

凭证领用界面如图 2-4 所示,重要空白凭证出库界面如图 2-5 所示。

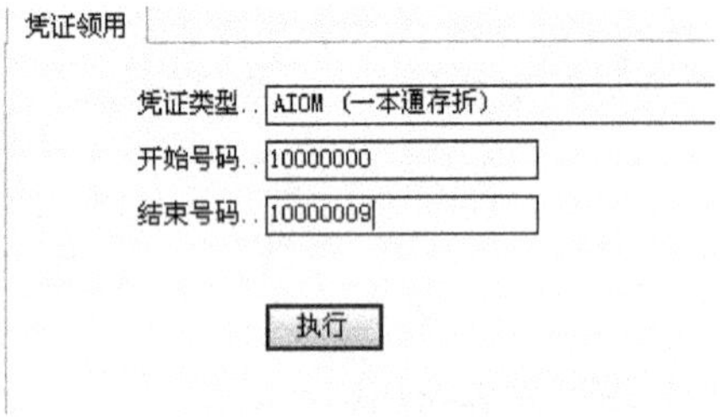

图 2-4 凭证领用界面 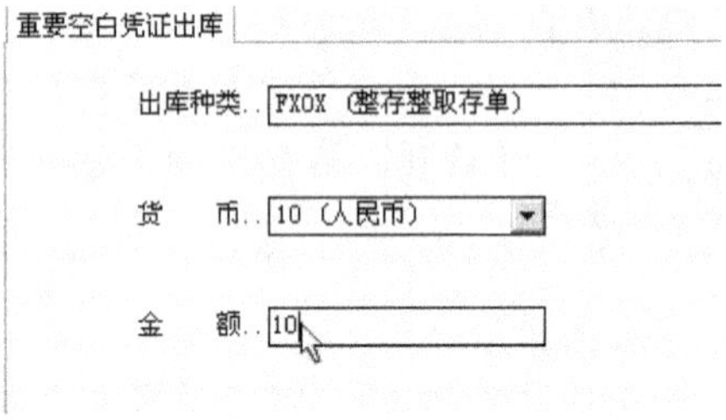　　　　　图 2-5 重要空白凭证出库界面

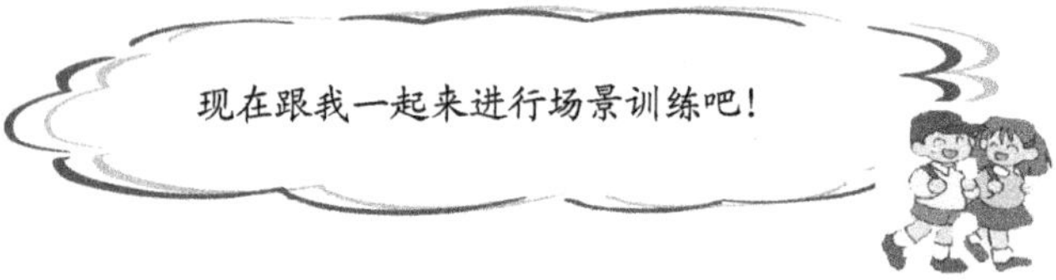

● 【业务模拟】 签到、出库训练

模拟角色　柜员。

模拟业务　(1)柜员进行签到、修改操作密码。

(2)建立钱箱、重要空白凭证出库(活期一本通、普通存折各一个)。

实训报告　(1)请将登录界面填写完整,如图 2-6 所示。

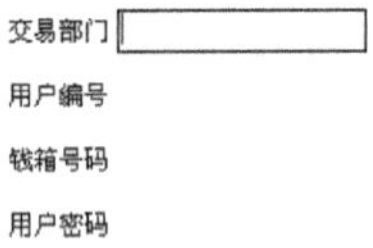

图 2-6 登录界面

(2)请将修改柜员操作密码界面填写完整,如图 2-7 所示。

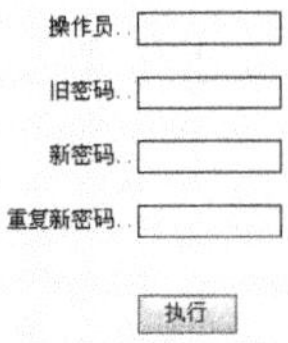

图 2-7 修改柜员操作密码界面

（3）请将建立钱箱界面填写完整，如图2-8所示。

尾箱号码..
尾箱名称..
是否绑定本人..☐

图2-8　建立钱箱界面

（4）请将领用、出库界面填写完整，如图2-9所示。

提示：凭证发放时，其起始号码必须为库存中该种类最小的凭证号码。

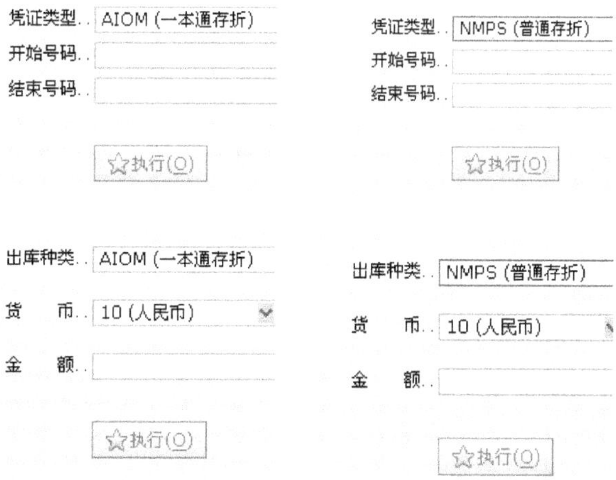

凭证类型..AIOM（一本通存折）
开始号码..
结束号码..
☆执行(O)

凭证类型..NMPS（普通存折）
开始号码..
结束号码..
☆执行(O)

出库种类..AIOM（一本通存折）
货　　币..10（人民币）
金　　额..
☆执行(O)

出库种类..NMPS（普通存折）
货　　币..10（人民币）
金　　额..
☆执行(O)

图2-9　领用、出库界面

模块 3　储蓄业务操作训练

作为一名临柜柜员，在进行日初处理一切准备就绪后，就可以正式开始对外办理业务了。

在一天的实际业务操作中，你会遇到个人和单位的各种存取款业务、结算业务、代理业务、表外业务等，其中最常办理的是储蓄存款业务。

本模块主要介绍临柜柜员在日间操作中经常办理的一项业务——储蓄业务的操作流程及操作要点，通过训练能够熟练办理以下业务：

- 人民币活期储蓄业务操作。
- 人民币定期储蓄业务操作。
- 人民币其他储蓄业务操作。
- 外币储蓄业务操作。
- 特殊业务操作。

单元 1　人民币活期储蓄业务操作

[训练目标]

通过本单元的练习，了解人民币活期储蓄业务操作流程；掌握人民币活期储蓄操作要点；并学会办理活期储蓄业务。

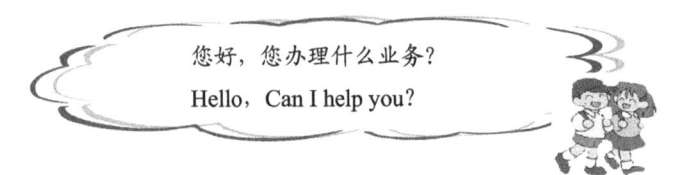

> 您好，您办理什么业务？
> Hello, Can I help you?

> 我想存点钱，存活期。
> I would like to deposit some money, current account.

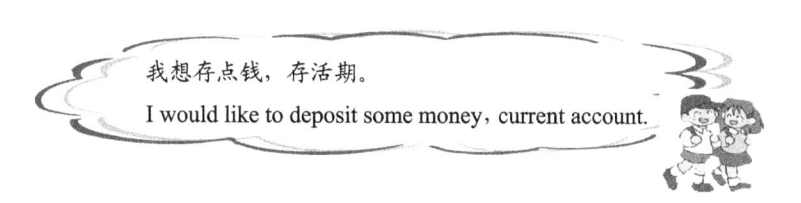

活期储蓄存款是一种不规定存期，1元起存（批量开户允许0余额），储户可随存随取的、灵活的存款方式，其核算包括开户、续存、取款、销户，下面一一进行练习。

1. 人民币活期存款现金开户实训

根据中国人民银行《人民币银行结算账户管理办法》的规定，活期存款账户分为个人结算账户和个人储蓄账户两种。

个人结算账户是指自然人因投资、消费、结算等需要，凭个人有效身份证件以自然人名称在营业机构开立的办理支付结算业务的人民币活期存款账户。

个人储蓄账户是指自然人凭个人有效身份证件以自然人名称开立的办理资金存取业务的人民币储蓄存款账户。

二者的异同如表3-1所示。

表3-1 结算账户和储蓄账户的异同

相 同 点	不 同 点
● 都可以存取现金 ● 存款都可获得利息收入（结算账户存款利率同活期储蓄账户） ● 本人名下的个人结算账户和活期储蓄账户间可以相互转账	●《人民币银行结算账户管理办法》实施后，在办理对外的资金转出或接受外部的资金转入时（包括本人异地账户汇款）只能通过结算账户办理 ● 储蓄账户只能办理本人名下的存取款业务和转账，而不能对他人或单位转账，也不能接受他人或单位的资金转入

自然人可根据需要申请开立个人银行结算账户，也可以在已开立的储蓄账户中选择并向银行申请确认为个人银行结算账户。

按照人民银行统一规定，《人民币银行结算账户管理办法》实施后，自然人与他人或单位的资金收付结算都须通过结算账户办理，同时，原来活期储蓄账户的许多功能都可通过结算账户来实现。因此，很多银行将个人客户目前正在办理和以前办理过支付结算业务的活期储蓄账户从功能上转为结算账户，客户只需到银行办理业务时确认账户性质即可。

无论何种纸质账户，其具体形式均包括普通存折和活期一本通两种，其中活期一本通是集人民币、外币等不同币种于一体的活期存款账户。

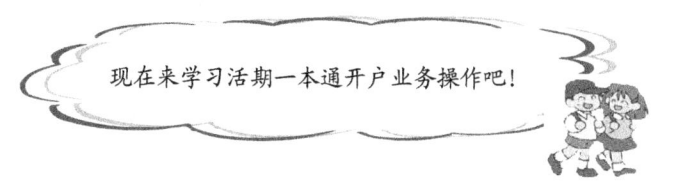

> 现在来学习活期一本通开户业务操作吧！

案 例

客户琴锡练交来现钞 4 000 元，要求存活期一本通。

【客户资料】 姓名：琴锡练；证件类型：身份证；证件号码：982202148114831543；国籍：中国；联系电话：35400390；地址：北京市顺义区爱国路 28 号；邮编：100099；凭证号码：11100001。

（1）审核客户填写的存款凭条要素。

活期储蓄存款的开户，需存款人填写储蓄存款凭条，如图 3-1 所示，连同有效身份证原件、现金一并交柜员。

储蓄存款凭条

科目：（贷） 2013 年 09 月 13 日 交易代码：

银行填写	
客户填写	储种：活期 活一本通 √ 整整 定一本通 零整 教育 定活 通知 存本 整零 国债 其他 户名 琴锡练_____ 账号_____ 密码 √ 印鉴 通兑 √ 其他 存期_____ 转存期_____ 币种 人民币 钞 √ 汇 假汇 金额 4000.00 新开户填写：地址 北京市顺义区爱国路 28 号_____ 电话 35400390 备注 存款人证件类型 身份证_____ 代理人姓名 _____ 发证机关 _____ 代理人证件类型_____ 发证机关_____ 证件号码 982202148114831543_____ 证件号码_____

存款人对上述银行记录确认无误后签名_____ 事后监督 复核（授权） 柜员

图 3-1 储蓄存款凭条

> **提示**
> 有效身份证是指居民身份证、户口簿、护照、军人身份证、港澳居民来往内地通行证、台湾居民来往大陆通行证等。
> 代理他人在金融机构开立个人存款账户，代理人应当出示代理人身份证明。

柜员需审核凭条上户名、金额是否清晰，有无涂改，资料是否填清填全。相关证件是否真实有效，并对证件类型为居民身份证做联网核查。同时还需了解客户需开何种账户，若开立结算账户，客户须填写开立个人银行账户申请书，如图 3-2 所示。

> **提示**
> 客户在开户时填写的信息如住址、电话等都是第一手资料，以后在使用账户时不会再提供。一旦账务出现错误时可以很快通过这些资料通知或找到客户。

××××银行

开立个人银行账户申请书

网点：0609　　2013年 09月 13日　　编号：2006091306007000

客户填写：（以下各项确认时请在□内打“√”）

户　　名	琴锡练	☑身份证 □其他______	证件号码	982202148114831543
身份证地址	北京市顺义区爱国路28号		电　　话	35400390
现　住　址			邮政编码	100099
代理人姓名		□身份证 □其他______	证件号码	
住　　址			电　　话	

币种	金额	十	亿	千	百	十	万	千	百	十	元	角	分
☑人民币 □港币 □美元 □其他______							¥	4	0	0	0	0	0

账户种类		
个人结算账户	☑活期一本通存折户　　申请借据卡 □是　□否	
	□个人支票户	
	开立活期一本通或申请借记卡，我行将为您开通电话银行查询服务，如果您不需要此服务，请选择：☑取消电话银行查询服务	
□定 活 两 便		
□通 知 存 款	种类 □一天　□七天	
□教 育 储 蓄	□零存整取　存期______	
□存 本 取 息	□整存零取　存期______	
□整存整取存单	存期______	□到期约定转存　__个月取款(息)一次
□国　　债	存期______	□其他______

支取方式：□凭密码（密码必须为六位数字，不足六位无效）　☑凭存折（只有凭密码方式才能通存通兑）

客户确认栏：本人已详尽阅读并自愿遵守本申请书附加的《客户须知》和《个人人民币银行结算账户管理协议书》的规定，并保证本申请书上所填内容真实、有效、无误，如有伪造、欺诈，愿承担法律责任。

申请（代理人）签字：

备注：

银行填写：

开户银行审核意见：

同意存款人开立个人银行结算账户。

经办人（签章）　w30　　　　开户银行（业务公章）

2013年 09月 13日

账号 006091029100010　　　　客户编号 0060910291

填写说明：1．开户证件的“其他”是指《人民币银行结算账户管理办法》中除居民身份证之外的其他证件种类。

2．本申请书一式两份，其中：一份开户银行留存；一份存款人留存。

柜员：S0030

图 3-2　开立个人银行账户申请书

（2）点收现金。

现金收入，需要当面点清，一笔一清，并按“三先三后”程序操作，即先点大数（卡捆卡把）、后点细数，先点主币、后点辅币，先点大面额票币、后点小面额票币。

提示

柜员在接到客户的现金时，应进行唱收，即先根据存款单上写的金额询问储户是否是××元，客户肯定后再清点。这样可以方便在遇到款项清点有问题时的处理。

收入现金必须坚持手工清点，使用验钞仪逐张核验（正面、背面各核验一遍，注意防范假币、区分版别），并用带有检伪功能的点钞机进行两遍复点（其中第二遍采取翻面掉头复点的方式）。

> **知识拓展**
>
> 临柜柜员发现假币，应立即向交款人声明为可疑币，并报告业务主管进一步鉴定。确认为假币后，须由两名经办人员在场，当着客户面在人民币假币正面水印窗及背面中央，分别加盖蓝色油墨的"假币"戳记。
>
> 然后，使用"假币没收登记"交易进行登记，计入表外科目。联机打印一式三联"假币收缴凭证"及凭条，并加盖业务公章和经办员、复核员章。假币收缴凭证第三联交持币人，并告知有关内容。
>
> 最后，柜员用"假币出入库"交易，选择"收缴入库"查询"登记"状态下柜员假币收缴记录，与实物核对无误后，作入库处理，在"假币收缴凭证"第二联上加盖名章确认。

（3）进行系统操作。

审核凭条并清点现金无误后，就进入个人储蓄界面，先建立客户信息，如图3-3所示。作为"以客户为本"的思想具体体现在系统业务中，即客户首次在本银行办理业务时，系统产生唯一的客户号，它也是该客户开立各种存款账户的前提。

图3-3　建立客户信息界面

> **提示**
>
> 在银行办理所有新开户业务时都必须先开客户，在输入ID类别、ID号后回车，系统会自动判断是否在银行开过客户，如果已有客户号可将系统提供的客户号记下后办开户业务；如果系统不提示，则表明此户未在银行开过客户，必须先开客户后开账户。

建立客户信息后，输入开户交易代码，进入一本通活期存款现金开户交易界面，如图3-4所示，录入相关信息。其中，账号由系统自动生成，凭证号等信息是通过刷折，系统自动读取的磁条信息。

```
一本通活期(开账户)
客户信息
客户号..0060910291    凭证号码..11100001    客户名称..琴锡练
客户类别..一本通客户  存取方式..密码         状  态..正常
客户地址..北京市顺义区爱国路28号

凭证类型..AIOM(一本通)
客 户 号..0060910291
         琴锡练                     存折打印..Y(打印)
凭证号码..11100001                  电话银行转账标志..0(否)
货  币..10(人民币)
交易码..CS(现金)                   复 核 人..
金  额..4000.00                     复核密码..

              执行
```

图3-4 一本通活期存款现金开户交易界面

(4) 打印存折与凭条。

交易成功后,柜员根据系统提示打印存款凭条和存折,打印活期一本通存折内页如图3-5所示,存款凭条、申请书交客户签字确认收回。

> **提示**:存折必须按顺序号,从小到大选取。

活期一本通存折

账号---006091029100010------   户名----琴锡练--------
办卡标志--------------------
开户网点名称----------------
凭证号----11100001----------

银行签章

签发日期—13/09/13----- 通存通兑---通---- 印密---密---

序号	交易日期	属性	注释	币种钞/汇	支出(-)或存入(+)	结余	网点号	操作
01	13/09/13	001	开户	RMB 钞	+4000.00	4000.00	0609	S0030

图3-5 活期一本通存折内页

> **提示** 柜员需根据系统提示留存客户身份证件复印件。

（5）存折签章后交客户。

在打印的存款凭条上加盖现讫章、存折上加盖业务公章，完成后将身份证原件、申请书客户联、活期存折交客户，并提醒客户核对。申请书记账联和存款凭条随传票保管。申请书银行联及身份证件复印件专夹保管。

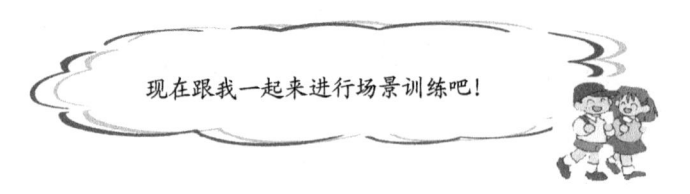

现在跟我一起来进行场景训练吧！

【业务模拟1】 活期一本通开户业务训练

模拟角色　柜员、客户王丹。

模拟业务　客户王丹交来现钞5 000元，要求存活期一本通。

客户资料　姓名：王丹；证件类型：身份证；证件号码：532123148114831542；国籍：中国；联系电话：83611390，地址：关星区南街11号；邮编：100055；凭证号码：11100002。

实训报告　（1）将储蓄存款凭条填写完整，如图3-6所示。

储蓄存款凭条

科目：（贷）　　　　　年　月　日　　　　　交易代码：

银行填写	
客户填写	储种：活期　活一本通　整整　定一本通　零整　教育　定活　通知　存本　整零　国债　其他 户名_____ 账号_____ 密码　印鉴　通兑　其他 存期____ 转存期____ 币种____ 钞 汇 假汇 金额____ 新开户填写：地址_____ 电话_____ 备注_____ 存款人证件类型_____ 代理人姓名_____ 发证机关_____ 代理人证件类型_____ 发证机关_____ 证件号码_____ 证件号码_____

存款人对上述银行记录确认无误后签名_____　事后监督　复核（授权）　柜员

图3-6　储蓄存款凭条

（2）将开立个人银行账户申请书填写完整，如图 3-7 所示。

××××银行

开立个人银行账户申请书

网点：0609　　　　年　月　日　　　　编号：

客户填写：（以下各项确认时请在□内打“√”）			
户　名	□身份证 □其他______	证件号码	
身份证地址		电　话	
现　住　址		邮政编码	
代理人姓名	□身份证 □其他______	证件号码	
住　址		电　话	
币种	□人民币 □港币 □美元 □其他______	金额	十 亿 千 百 十 万 千 百 十 元 角 分
账户种类	个人结算账户	□活期一本通存折户　申请借据卡 □是 □否 □个人支票户 开立活期一本通或申请借记卡，我行将为您开通电话银行查询服务，如果您不需要此服务，请选择：□取消电话银行查询服务	
	□定 活 两 便		
	□通 知 存 款　种类 □一天 □七天		
	□教 育 储 蓄 □零存整取　存期______		
	□存 本 取 息 □整存零取　存期______		
	□整存整取存单　存期______ □到期约定转存　______个月取款(息)一次		
	□国　债　存期______ □其他______		
支取方式	□凭密码（密码必须为六位数字，不足六位无效） □凭存折（只有凭密码方式才能通存通兑）		
客户确认栏	本人已详尽阅读并自愿遵守本申请书附加的《客户须知》和《个人人民币银行结算账户管理协议书》的规定，并保证本申请书上所填内容真实、有效、无误，如有伪造、欺诈，愿承担法律责任。 申请（代理人）签字：	备注：	
银行填写：			
开户银行审核意见： 经办人（签章）　　开户银行（业务公章） 年　月　日			
账号______	客户编号______		

填写说明：　1．开户证件的“其他”是指《人民币银行结算账户管理办法》中除居民身份证之外的其他证件种类。
　　　　　　2．本申请书一式两份，其中：一份开户银行留存；一份存款人留存。　　柜员：

图 3-7　开立个人银行账户申请书

（3）将一本通活期开户界面填写完整，如图 3-8 所示。

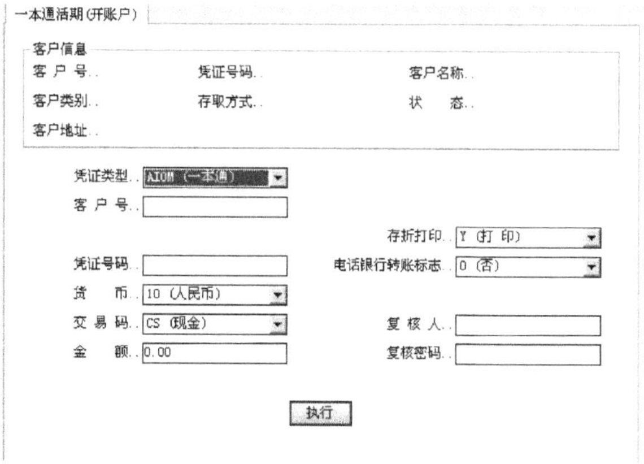

图 3-8　一本通活期开户界面

（4）将活期一本通存折内页填写完整，如图3-9所示。

活期一本通存折

账号————————————　　户名————————————
办卡标志————————
开户网点名称————————
凭证号————————
　　　　　　　　　　　　　　　　　　　银行签章
签发日期————————　通存通兑————　印密————

序号	交易日期	属性	注释	币种钞/汇	支出（-）或存入（+）	结　余	网点号	操作

图3-9　活期一本通存折内页

你能举一反三吗？

- 【业务模拟2】 普通活期开户业务训练

　　模拟角色　柜员、客户钟翔。
　　模拟业务　客户钟翔交来现钞3 000元，要求存活期普通存折。
　　客户资料　姓名：钟翔；地址：北京市宣武区广外红居街28号；邮编：100055；联系电话：64407706；证件类型：身份证；证件号码：104324198712043466；凭证号码：11100001。
　　实训报告　（1）将储蓄存款凭条填写完整，如图3-10所示。

储蓄存款凭条

科目：（贷）	年　月　日　　　　交易代码：
银行填写	
客户填写	储种：活期　活一本通　整整　定一本通　零整　教育　定活　通知　存本　整零　国债　其他 户名_____　账号_____　密码　印鉴　通兑　其他 存期_____　转存期_____　币种_____　钞汇　假汇　金额_____ 新开户填写：地址_____　电话_____　备注_____ 存款人证件类型_____　代理人姓名_____ 发证机关_____　代理人证件类型_____　发证机关_____ 证件号码_____　证件号码_____

存款人对上述银行记录确认无误后签名_____　事后监督　复核（授权）　柜员

图 3-10　储蓄存款凭条

（2）将普通活期储蓄开户界面填写完整，如图 3-11 所示。

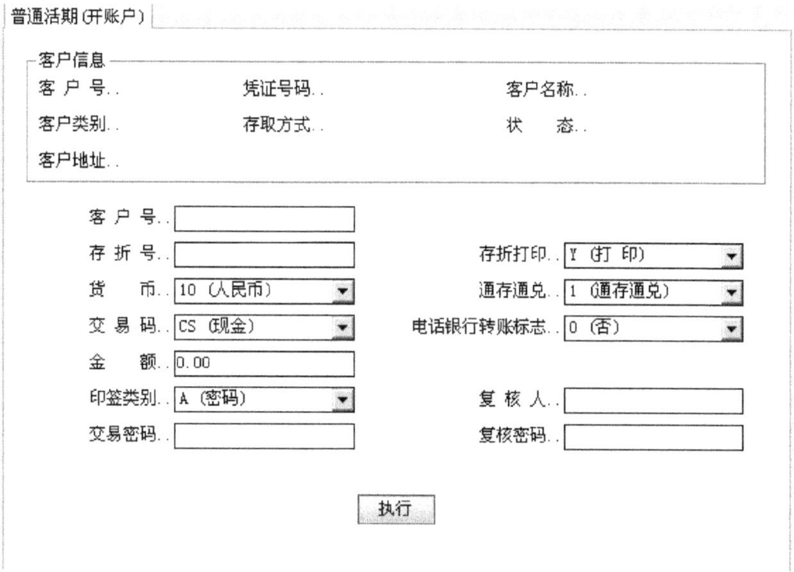

普通活期(开账户)

客户信息
客　户　号：　　　　凭证号码：　　　　客户名称：
客户类别：　　　　存取方式：　　　　状　　态：
客户地址：

客　户　号：　[　　　　]
存　折　号：　[　　　　]　　　　存折打印：[Y (打印)]
货　　　币：　[10 (人民币)]　　通存通兑：[1 (通存通兑)]
交　易　码：　[CS (现金)]　　电话银行转账标志：[0 (否)]
金　　　额：　[0.00]
印鉴类别：　[A (密码)]　　　　复核人：[　　　　]
交易密码：　[　　　　]　　　　复核密码：[　　　　]

[执行]

图 3-11　普通活期储蓄开户界面

（3）将活期存折内页填写完整，如图 3-12 所示。

活期存折

账号----------------------　　户名----------------------
办卡标志------------------　　币种----------------------
开户网点名称--------------　　钞汇标志------------------
凭证号--------------------
　　　　　　　　　　　　　　　银行签章
签发日期-----------　属性--------　通存通兑------　印密--------

日　期	注　释	支出（-）或存入（+）	结　余	网点号	操作
1					
2					
3					
4					
5					
6					

图 3-12　活期存折内页

2. 人民币活期储蓄现金续存实训

> 您想存多少？
> How much money do you intend to deposit initially?

> 2 000 美元现金，存活期，存在这个活期存折上。
> Two thousand U.S.dollar in cash, current account, put in the current bankbook.

个人活期储蓄存款既可采用有折续存，也可采用无折续存，但无卡、无折现金存款必须由客户填写存款凭条。常见的是有折现金续存业务。

> 现在跟我一起来学习活期一本通个人结算账户现金续存业务操作流程吧！

案 例

客户琴锡练持活期一本通要求续存现金金额 5 000.00 元（账号和存折号见客户提交的活期一本通存折）。

（1）点收现金。

客户口述存款要求，将存折、货币递交柜员，柜员按照客户告知的存款金额、币别，按"三先三后"程序进行清点。

> **提示**：续存时客户无须出示身份证明。但单笔金额人民币 5 万元（含）以上的现金存款业务，要核对或核查客户的有效身份证件或者其他身份证明文件。由他人代理的，应同时核对或核查代理人和被代理人有效身份证件或其他身份证明文件。

（2）进行系统操作。

柜员与客户交流核对无误、审核存折并清点现金无误后，输入个人活期存款现金续存交易代码，进入交易界面，如图 3-13 所示。

```
一本通活期（存款）
账户信息
账    号..006091029100010    凭证号码..11100001    客户名称..琴锡练
业务品种..活期储蓄          货    币..10（人民币）  余    额..4000.00
存取方式..密码              账户状态..1 正常        通存通兑..通存通兑
客户地址..北京市顺义区爱国路28号

        凭证类型..AIOM（一本通）
        客 户 号..0060910291
                琴锡练
        凭证号码..11100001
        子 户 号..00010            存折打印..Y（打印）
        货    币..10（人民币）
        交 易 码..CS（现金）        复 核 人..
        金    额..5000.00          复核密码..
```

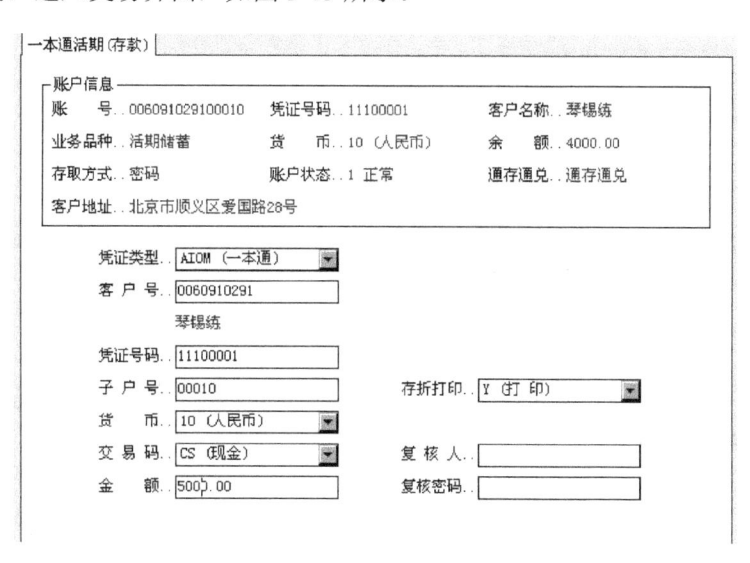

图 3-13　一本通活期存款现金续存交易界面

> **提示**：账号、凭证号等信息是通过刷折，系统自动读取的磁条信息。如客户采取留密支取方式的还应要求客户输入密码。

（3）打印凭条、存折交客户。

交易成功后，柜员根据系统提示打印一本通活期存款签单服务凭证（见图 3-14）、活期一本通存折内页（见图3-15），在凭证上加盖现讫章、人名章后交由客户签字确认并收回，然后将存折交予客户。

××××银行 一本通活期存款			
储户填写	账号 006091029100010	币 种 人民币	
	金额 十亿千百十万千百十元角分 ¥ 5 0 0 0 0 0		
银行确认栏	账号 006091029100010 户名 琴锡练 交易日期 2013-09-13	金额 RMB5,000.00 交易码 现金 复核	储种 活期储蓄 存期 活期 流水号 06007002
本人确认银行打印记录无误。 客户签名确认：			

××××银行 一本通活期存款回单	
账号	006091029100010
户名	琴锡练
金额	RMB5,000.00
储种	活期储蓄
流水号	06007002 利率
余额	RMB9,000.00
经办：S0030 2013-09-13	

图3-14　一本通活期存款签单服务凭证

提示：有折续存，柜员将活期一本通存折交客户；无折续存应将存款回单、身份证件原件交客户并提醒客户对回单内容进行核对。

活期一本通存折

账号----006091029100010---------　　户名----琴锡练--------------

办卡标志-----------------------

开户网点名称---------------------

凭证号----11100001-----------------

　　　　　　　　　　　　　　　　　　　　　　　银行签章

签发日期—13/09/13------　　通存通兑-----通-----　印密----密-----

序号	交易日期	属性	注释	币种钞/汇	支出（-）或存入（+）	结 余	网点号	操作
01	13/09/13	001	开户	RMB 钞	+4000.00	4000.00	0609	S0030
02	13/09/13	001	存款	RMB 钞	+5000.00	9000.00	0609	S0030

图3-15　活期一本通存折内页

现在跟我一起来进行场景训练吧！

【业务模拟1】 活期一本通现金续存业务训练

模拟角色 柜员、客户王丹。

模拟业务 客户王丹交来现钞1 000元，要求续存。

客户资料 账号和存折号见客户提交的活期一本通存折。

实训报告 （1）将一本通活期存款界面填写完整，如图3-16所示。

图3-16 一本通活期存款界面

（2）将活期一本通存款签单服务凭证填写完整，如图3-17所示。

图3-17 一本通活期存款签单服务凭证

（3）将活期一本通存折内页填写完整，如图 3-18 所示。

活期一本通存折

账号---006091030500010------　　　　户名----王丹------

办卡标志---------------------

开户网点名称-----------------

凭证号----11100002-----------

　　　　　　　　　　　　　　　　　　　　　　　　银行签章

签发日期---14/03/11-----　通存通兑-----通-----　印密---密---

序号	交易日期	属性	注释	币种钞/汇	支出（-）或存入（+）	结余	网点号	操作
01	14/03/11	001	开户	RMB 钞	+5000.00	5000.00	0609	S0030

图 3-18　活期一本通存折内页

再来练一次！

● 【业务模拟 2】　普通活期续存业务训练

　　模拟角色　柜员、客户钟翔。
　　模拟业务　客户钟翔交来现金 5 000 元，要求存入其活期普通存折。
　　客户资料　账号和存折号见客户提交的存折。
　　实训报告　（1）将普通活期存款界面填写完整，如图 3-19 所示。

普通活期（存款）

账户信息

账　　号.　　　　　　凭证号码.　　　　　　客户名称.
业务品种.　　　　　　货　　币.　　　　　　余　　额.
存取方式.　　　　　　账户状态.　　　　　　通存通兑.
客户地址.

账　　号.[　　　　　]
存折号.[　　　　　]
货　　币.[10（人民币）　▼]
交易码.[CS（现金）　▼]
金　　额.[0.00]　　　　　复核人.[　　　　　]
存折打印.[Y（打印）　▼]　复核密码.[　　　　　]

　　　　　　　　[执行]

图 3-19　普通活期存款界面

（2）将普通活期存款签单服务凭证填写完整，如图 3-20 所示。

图 3-20　普通活期存款签单服务凭证

（3）将活期存折内页填写完整，如图 3-21 所示。

活期存折

账号---006091031300010-------　　　户名------钟翔------------

办卡标志---------------------　　　币种------RMB------------

开户网点名称------------------　　　钞汇标志-----钞---------

凭证号---11100001-------------

银行签章

签发日期—14/07/21------　　属性--------　　通存通兑--通---　　印密--密----

日　期	注　释	支出（-）或存入（+）	结　余	网点号	操作
1　14/07/21	开户	+3000.00	+3000.00	0609	S0030
2					
3					
4					
5					
6					

图 3-21　活期存折内页

3．人民币活期储蓄现金支取实训

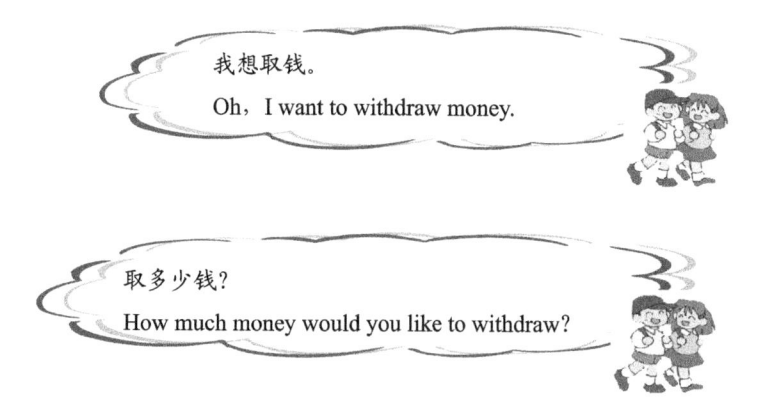

我想取钱。
Oh，I want to withdraw money.

取多少钱？
How much money would you like to withdraw?

37

个人活期存款支取可以进行现金支取，也可以转账支取。活期现金、转账取款须凭折办理。支控方式为"凭密"和"凭密-凭证件"且通兑方式为"通兑"的，可通存通兑。

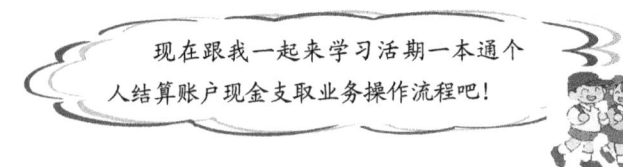

> 现在跟我一起来学习活期一本通个人结算账户现金支取业务操作流程吧！

案 例

客户琴锡练持活期一本通要求支取现金金额 3 000.00 元（账号和存折号见客户提交的活期一本通存折）。

（1）受理审核。

客户持活期一本通存折办理取款实行免填单，客户应告知柜员取款金额。柜员重点审核：存款人账户是否有足够资金，转账取款客户应提供有效存入账号；审核取款人或其代理人的身份证件是否有效，并按相关规定进行联网核查。

> **提示**　单笔金额人民币 5 万元（含）以上现金取款业务，要通过联网核查系统对客户身份进行核查，必要时审核其他身份证明文件。由他人代理的，要通过联网核查系统对代理人及被代理人身份进行核查。

（2）进行系统操作。

柜员与客户交流核对无误、大额取款审核身份证、存折无误后，输入个人活期储蓄取款交易代码进入一本通活期储蓄交易界面，如图 3-22 所示。

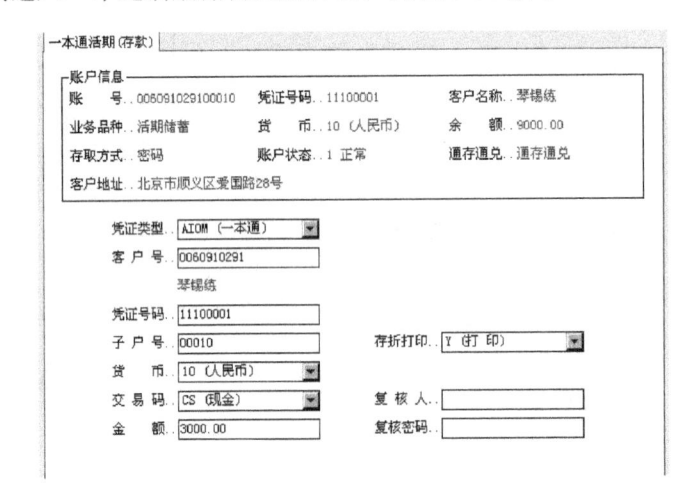

图 3-22　一本通活期储蓄交易界面

> **提示**　账号、凭证号等信息是通过刷折系统自动读取的磁条信息。如客户采取留密支取方式的，还应要求客户输入密码。

（3）打印凭条。

在提交系统成功后，即可打印一本通活期取款签单服务凭证（见图3-23）、活期一本通存折内页（见图3-24），在凭证上加盖现讫章、人名章后交由客户签字确认并收回。

	××××银行 一本通活期取款		××××银行 一本通活期取款回单
储户填写	账　号　006091029100010　　币　种　人民币 金　额　十亿千百十万千百十元角分 　　　　　　　　　　　￥3 0 0 0 0 0	账　号	006091029100010
		户　名	琴锡练
		金　额	RMB3,000.00
银行确认栏	账　号　006091029100010　金　额　RMB3,000.00　储　种　活期储蓄 户　名　琴锡练　　　　　　交易码　现金　　　　　　存　期　活期 交易日期 2013-09-13　　　　复　核　　　　　　　　流水号 06007005	储　种	活期储蓄
		流水号	06007005　利率
		余　额	RMB6,000.00
	本人确认银行打印记录正确无误。客户签名确认：	经办：S0030　2013-09-13	

图 3-23　一本通活期取款签单服务凭证

活期一本通存折

账号---006091029100010------　　户名----琴锡练--------

办卡标志--------------------

开户网点名称------------------

凭证号----11100001-----------

　　　　　　　　　　　　　　　　　　　　　　银行签章

签发日期—13/09/13-----　通存通兑----通----　印密---密-----

序号	交易日期	属性	注释	币种钞/汇	支出（-）或存入（+）	结　余	网点号	操作
01	13/09/13	001	开户	RMB 钞	+4000.00	4000.00	0609	S0030
02	13/09/13	001	存款	RMB 钞	+5000.00	9000.00	0609	S0030
03	13/09/13	001	取款	RMB 钞	-3000.00	6000.00	0609	S0030

图 3-24　活期一本通存折内页

（4）配款支付。

柜员审核客户签名无误，进行配款。在与客户进行支取金额的确认后，将现金、存折、客户留存凭证（回单）交予客户。

> **提示** 取款交易中，要严格按照先记账后付款的原则，在完成系统操作后再根据取款金额支付现金，并注意实行"唱付"。

现在跟我一起来进行场景训练吧！

● **【业务模拟 1】 活期一本通现金支取业务训练**

模拟角色　柜员、客户王丹。
模拟业务　客户王丹持活期一本通要求支取现金金额 4 000.00 元。
客户资料　账号和存折号见客户提交的活期一本通存折。
实训报告　（1）将一本通活期储蓄取款界面填写完整，如图 3-25 所示。

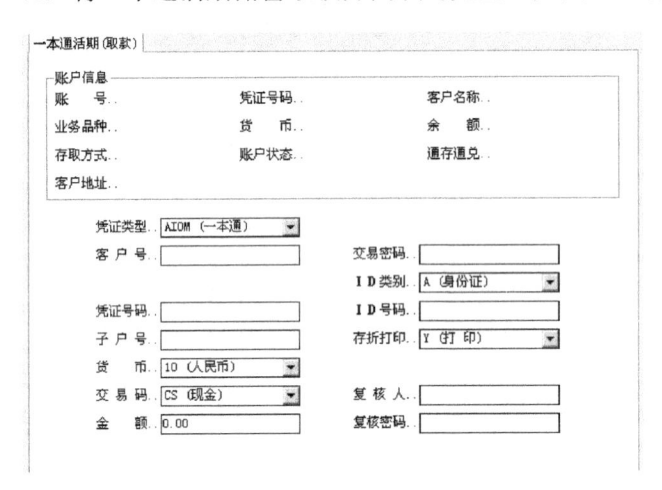

图 3-25　一本通活期储蓄取款界面

（2）将一本通活期取款签单服务凭证填写完整，如图 3-26 所示。

图 3-26　一本通活期取款签单服务凭证

(3)将活期一本通存折内页填写完整,如图 3-27 所示。

活期一本通存折

账号---006091030500010----------   户名----王丹-----

办卡标志------------------------

开户网点名称--------------------

凭证号----11100002--------------

　　　　　　　　　　　　　　　　　　　　　银行签章

签发日期—14/03/11------   通存通兑-----通   印密---密---

序号	交易日期	属性	注释	币种钞/汇	支出(−)或存入(+)	结 余	网点号	操作
01	14/03/11	001	开户	RMB 钞	+5000.00	5000.00	0609	S0030
02	14/03/11	001	存款	RMB 钞	+1000.00	6000.00	0609	S0030

图 3-27　活期一本通存折内页

再来练一次吧!

● 【业务模拟 2】　普通活期支取业务训练

模拟角色　柜员、客户钟翔。
模拟业务　客户钟翔持活期一本通要求支取现金金额 6 000.00 元。
客户资料　账号和存折号见客户提交的存折。
实训报告　(1)将普通活期取款界面填写完整,如图 3-28 所示。

图 3-28　普通活期取款界面

（2）将普通活期取款签单服务凭证填写完整，如图3-29所示。

××××银行
普通活期取款

储户填写	账 号		币 种	
	金 额	十亿千百十万千百十元角分		
银行确认栏	账 号		金 额		储 种	
	户 名		交易码		存 期	
	交易日期		复 核		流水号	

本人确认银行打印记录正确无误，客户签名确认：_____

××××银行
普通活期取款回单

账 号	
户 名	
金 额	
储 种	
流水号		利率	
余 额	

经办：

图3-29　普通活期取款签单服务凭证

（3）将活期存折内页填写完整，如图3-30所示。

活期存折

账号---006091031300010-------　　户名------钟翔------------

办卡标志---------------------------　　币种------RMB------------

开户网点名称--------------------　　钞汇标志-----钞--------

凭证号---11100001--------------

银行签章

签发日期—14/07/21------　　属性--------　　通存通兑--通-----　　印密--密----

日 期	注 释	支出（-）或存入（+）	结 余	网点号	操 作
1 14/07/21	开户	+3000.00	+3000.00	0609	S0030
2 14/07/21	存款	+5000.00	+8000.00	0609	S0030
3					
4					
5					
6					

图3-30　活期存折内页

4．人民币活期储蓄现金销户实训

取多少钱？
How much money would you like to withdraw?

模块3　储蓄业务操作训练

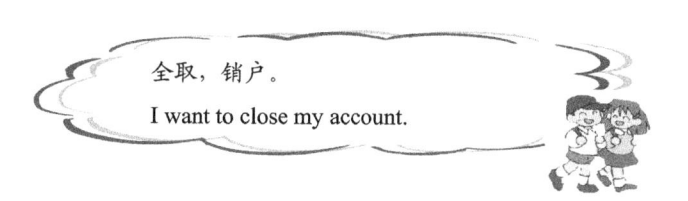

> 全取，销户。
> I want to close my account.

个人活期储蓄销户既可现金销户也可转账销户，下面以活期一本通现金销户为例进行介绍。

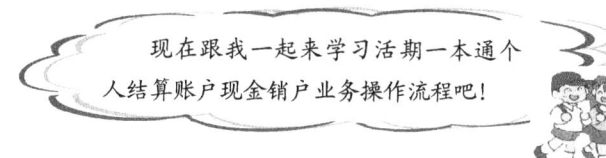

> 现在跟我一起来学习活期一本通个人结算账户现金销户业务操作流程吧！

案　例

客户琴锡练持活期一本通要求现金销户（账号和存折号见客户提交的活期一本通存折）。

（1）进行系统操作。

客户口述取款要求，将储蓄存折递交柜员，柜员与客户交流核对无误、大额取款审核身份证、存折无误后，输入个人活期存款销户交易代码进入一本通活期销户交易界面，如图3-31所示。

```
┌─ 一本通活期（销户）──────────────────────────┐
│ ┌─ 帐户信息 ──────────────────────────────┐ │
│ │ 帐    号..006091029100010  凭证号码..11100001   客户名称..琴锡练      │ │
│ │ 业务品种..活期储蓄          货   币..10（人民币） 余   额..6000.00    │ │
│ │ 存取方式..密码              帐户状态..1 正常      通存通兑..通存通兑  │ │
│ │ 客户地址..北京市顺义区爱国路28号                                      │ │
│ └────────────────────────────────────────┘ │
│   凭证类型  [AIOM（一本通）▼]    交易密码  [******]                    │
│   客 户 号  [0060910291]         ID类别   [A（身份证）▼]                │
│             琴锡练               ID号码   [982202148114831543]          │
│   凭证号码  [11100001]           存折打印  [Y（打印）▼]                 │
│   子 户 号  [00010]              摘   要  [88]                          │
│   货   币  [10（人民币）▼]                                              │
│   交 易 码  [CS（现金）▼]        复 核 人  [    ]                       │
│   金   额  [6000.00]             复核密码  [    ]                       │
└────────────────────────────────────────┘
```

图3-31　一本通活期销户交易界面

> **提示**
> ① 活期销户必须凭存折办理。
> ② 活期存折内如果有多种货币时，应先销外币再销人民币。
> ③ 个人结算账户销户，柜员应在销户前查询是否存在委托代理关系；对有委托代理关系的，应提醒客户先解除委托代理合约关系。

43

(2) 打印凭条。

在提交系统成功后，柜员根据系统提示打印一本通活期销户签单服务凭证（见图 3-32）、活期存折。在销户签单凭证上加盖现讫章、人名章后交由客户签字确认并收回。

图 3-32　一本通活期销户签单服务凭证

> **提示**
> 人民币活期储蓄存款利息计算的规定：
> 从 2005 年 9 月 21 日起，活期存款的结息方式由之前的每年结息一次改为每季度结息一次。新的结息方式将每季度末月的 20 日作为结息日，21 日支付利息。

(3) 配款支付。

柜员审核客户签名无误，进行配款，在与客户进行支取金额的确认后，将现金、客户留存凭证（回单）交予客户，将存折加盖结清章并破坏存折磁条的完整性后作为传票附件留存。

> **提示**
> 若客户留存已销户的活期存折，柜员破坏活期存折磁条的完整性，在最后一笔交易记录的下一行批注"某年某月某日销户，以下空白"字样（或加盖印章），并在存折封皮上加盖"销户"印章后交予客户。

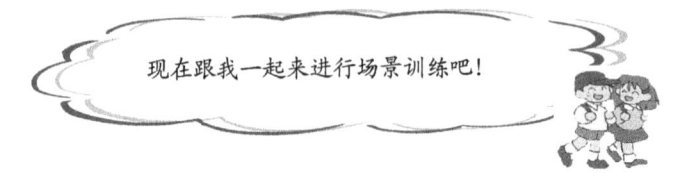

现在跟我一起来进行场景训练吧！

● **【业务模拟 1】** 活期一本通现金销户业务训练

模拟角色　柜员、客户王丹。
模拟业务　客户王丹持活期一本通要求现金销户。
客户资料　账号和存折号见客户提交的活期一本通存折。
实训报告　(1) 将一本通活期销户界面填写完整，如图 3-33 所示。

图 3-33 一本通活期销户界面

（2）将一本通活期销户签单服务凭证填写完整，如图 3-34 所示。

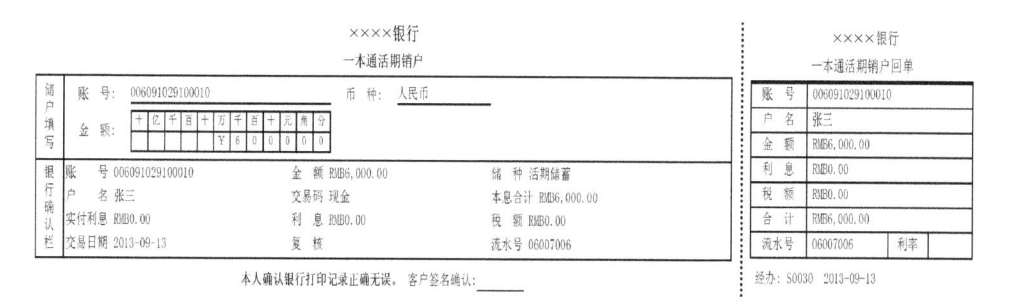

图 3-34 一本通活期销户签单服务凭证

自己试试看吧！

● 【业务模拟 2】 普通活期销户业务训练

  模拟角色 柜员、客户钟翔。
  模拟业务 客户钟翔持活期存折要求现金销户。
  客户资料 账号和存折号见客户提交的存折。
  实训报告 （1）将普通活期销户界面填写完整，如图 3-35 所示。

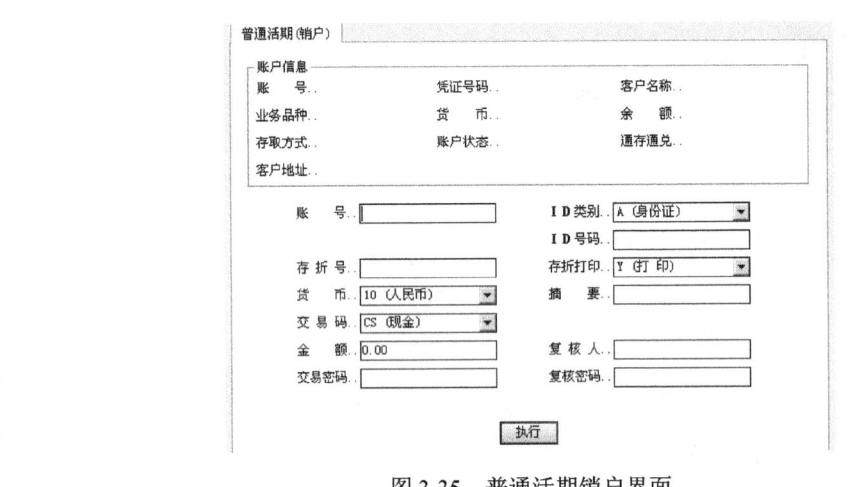

图 3-35　普通活期销户界面

（2）将普通活期销户签单服务凭证填写完整，如图 3-36 所示。

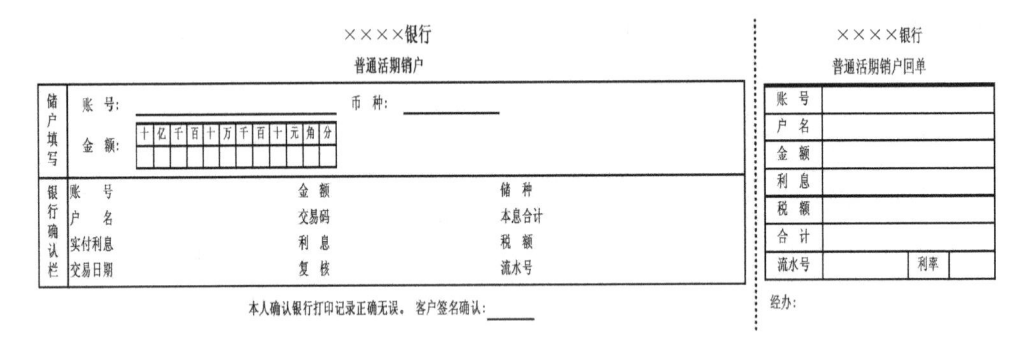

图 3-36　普通活期销户签单服务凭证

单元 2　人民币定期储蓄业务操作

[训练目标]

通过本单元的练习，了解人民币整存整取定期储蓄业务操作流程；掌握相关操作要点；并学会办理相关业务。

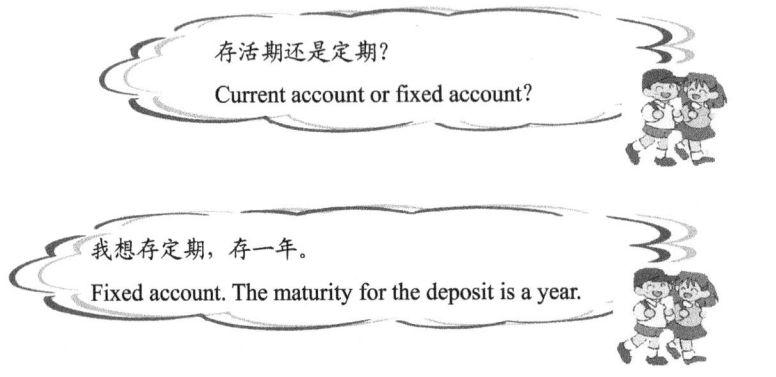

存活期还是定期？
Current account or fixed account?

我想存定期，存一年。
Fixed account. The maturity for the deposit is a year.

人民币定期储蓄是一种约定存期，一次或按期分次存入本金，整笔或分期、分次支取本息的一种储蓄方式。按存取方式不同，可分为整存整取、零存整取、存本取息三种形式，如表 3-2 所示。本单元将以整存整取为例进行介绍。

表 3-2　人民币定期储蓄存取方式

类　　型	开　　户	续　　存	支取（销户）
整存整取	现金开户 转账开户	—	到期支取、逾期支取 全部提前支取、部分提前支取
零存整取	现金开户 转账开户	现金续存 转账续存	到期支取 全部提前支取
存本取息	现金开户 转账开户	—	支取利息 全部提前支取

1. 人民币整存整取定期储蓄转账开户实训

整存整取定期储蓄只能办理现金存取业务和同名账户转账业务。其账户也包括存单、特种存单、一本通三种形式，这三种形式在具体操作中大同小异。在此以存单形式举例介绍整存整取定期储蓄转账开户业务。

人民币整存整取定期储蓄存款起存金额为 50 元，存期分为三个月、半年、一年、二年、三年、五年。

现在跟我一起来学习整存整取定期储蓄存单转账开户业务操作流程吧！

案　例

客户梁伟兵，持活期存折要求将其中 2 000 元人民币转存为 1 年期定期储蓄，并要求 1 年期自动转存。

客户资料　姓名：梁伟兵；证件类型：身份证；证件号码：1119682106367661 23；
　　　　　联系电话：62080415；地址：梁平区三弄 51 号；凭证号码：11100001。

（1）审核客户填写的取款凭条、存款凭条要素。

活期转定期转账开户，客户首先要填写活期存款取款凭条、定期储蓄存款凭条，如图 3-37 所示，连同有效身份证原件一并交柜员。

提示　客户可以不填"活期存款取款凭条"，而由柜员根据客户口述打印凭条，再由客户签字确认，即采用签单服务。

柜员需审核凭条上户名、金额是否清晰，有无涂改，资料是否填清填全，凭证与相关证件上记载的信息是否一致，相关证件是否真实有效，并要通过联网核查系统对客户身份进行核查。对于代理人办理开户的，还需审核代理人有效身份证件。

<u>**储蓄存款凭条**</u>

科目：(贷)　　　　2013 年 10 月 24 日　　　　交易代码：

银行填写	
客户填写	储种：活期　活一本通　整整√　定一本通　零整　教育　定活　通知　存本　整零　国债　其他 户名 <u>梁伟兵</u>　　账号_____　　密码√　印鉴　通兑√　其他 存期 <u>1</u>年　转存期 <u>1</u>年　币种 <u>人民币</u>　钞√　汇　假汇　金额 <u>2000.00</u> 新开户填写：地址 <u>梁平区三弄 51 号</u>　电话 <u>62080415</u>　备注_____ 存款人证件类型 <u>身份证</u>　　　　代理人姓名_____ 发证机关_____　　　　代理人证件类型_____　发证机关_____ 证件号码 <u>111968210636766123</u>　　证件号码_____

存款人对上述银行记录确认无误后签名_____　事后监督　　复核（授权）　　柜员

图 3-37　储蓄存款凭条

（2）进行活期取款系统操作。

审核凭条、存折、身份证明无误后，通过输入个人活期存款取款交易代码，进入普通活期取款交易界面，如图 3-38 所示。

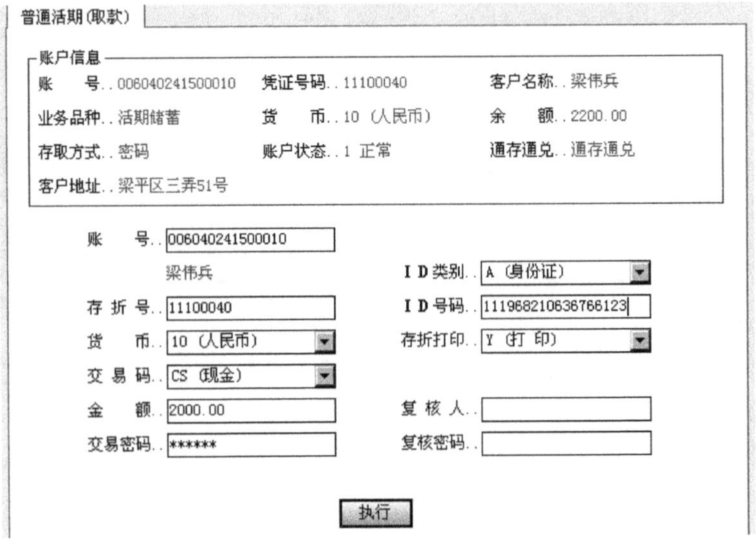

图 3-38　普通活期取款交易界面

（3）打印活期存折与取款凭证。

在提交系统成功后，即可打印活期存折和取款凭证。若采用签单服务，则打印的是普通活期取款签单服务凭证，如图 3-39 所示，签单服务凭证需请客户签字确认。

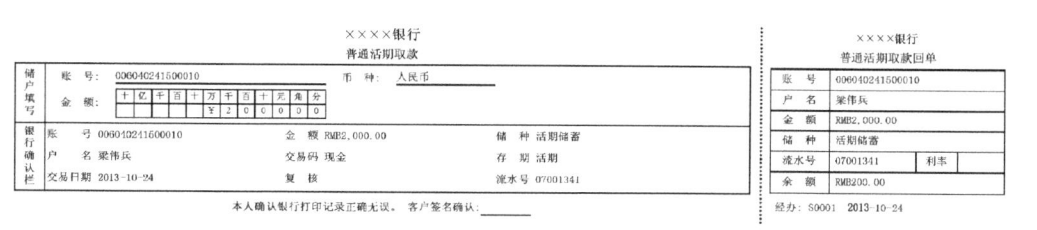

图 3-39　普通活期取款签单服务凭证

（4）进行定期存款系统操作。

输入个人整存整取定期储蓄存款转账开户交易代码，进入普通整存整取定期储蓄存款交易界面，如图 3-40 所示。

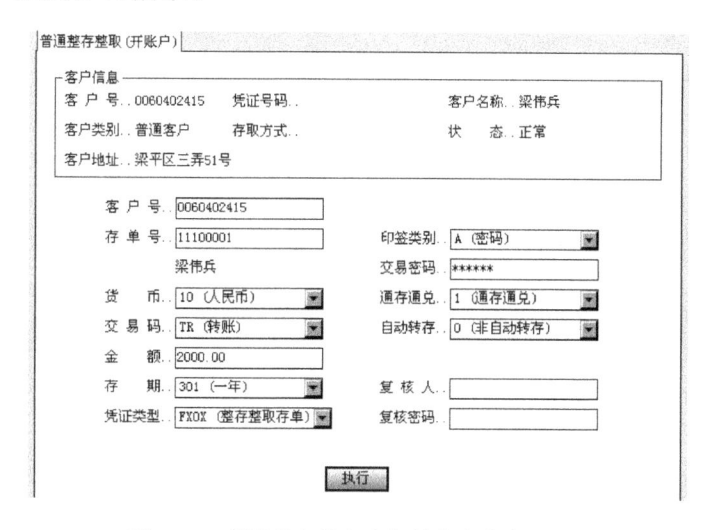

图 3-40　普通整存整取定期储蓄存款交易界面

> **提示**　约定转存是指客户在开户时约定本外币个人整存整取定期存款到期后的转存存期，存款到期后银行按照约定的存期办理转存。客户开立本外币个人整存整取定期存款账户时，凡未选择约定转存的即为不转存。

（5）打印存单与存款凭证。

在提交系统成功后，即可打印整存整取定期储蓄存单（见图 3-41）和定期存款签单服务凭证，存单作为储户支取款项时的凭证。

整存整取定期储蓄存单（普通）

科目：（借）　　　　凭证号　　　　存单号 11100001

存入日	起息日	属性	印密	通兑	存期	约转存期	年利率(%)	到期日	到期利息	操作
2013/10/24	2013/10/24		密	通	012	012	3.00	2014/10/24	60.00	S0001

账号＿＿006040241500010＿＿　　　　户名＿梁伟兵＿

存入金额：人民币 贰仟元整＿＿＿＿　　RMB￥ 2000.00＿＿

银行签章

客户印鉴　事后监督　支取时：复核（授权）　柜员　存入时：复核（授权）　柜员***

图 3-41　整存整取定期储蓄存单

（6）签章交客户。

核对打印的取款凭证、存款凭证、整存整取定期存单等凭证上各项内容，对户名、币种、金额等内容要重点审核。

核对无误后，整存整取定期存单上加盖存单（折）专用章，取款、存款签单服务凭证上加盖"业务清讫章"。

柜员将存款凭条交客户核对签名后收回，存单上加盖相关业务印章及复核员名章。

柜员将身份证件原件、活期存折、整存整取定期存单交客户，并提醒客户核对。存款凭条及身份证件复印件随传票保管。

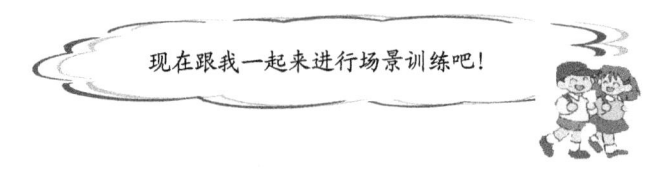

现在跟我一起来进行场景训练吧！

●【业务模拟1】整存整取定期储蓄存单现金开户业务训练

模拟角色　柜员、客户贾明祥。

模拟业务　2013 年 11 月 10 日，客户贾明祥交来现钞 2 350 元，要求存定期存单。

客户资料　姓名：贾明祥；金额：人民币现钞 2 350.00 元；存期：6 个月；
　　　　　证件类型：居民身份证；证件号码：787257221684302123；国籍：中国；
　　　　　电话：46414184；地址：金镑坪劳动小区保安部；凭证号码：11100001。

实训报告　（1）将定期储蓄存款凭条填写完整，如图 3-42 所示。

储蓄存款凭条

银行填写	科目：(贷)　　　　　年　月　日　　　　交易代码：
客户填写	储种：活期　活一本通　整整　定一本通　零整　教育　定活　通知　存本　整零　国债　其他 户名_____　账号_____　　　　密码　印鉴　通兑　其他 存期_____　转存期_____　币种_____　钞汇　假汇　金额_____ 新开户填写：地址_____　电话_____　备注_____ 存款人证件类型_____　代理人姓名_____ 发证机关_____　代理人证件类型_____　发证机关_____ 证件号码_____　证件号码_____

存款人对上述银行记录确认无误后签名_____　事后监督　复核（授权）　柜员

图 3-42　储蓄存款凭条

（2）将普通整存整取开户界面填写完整，如图 3-43 所示。

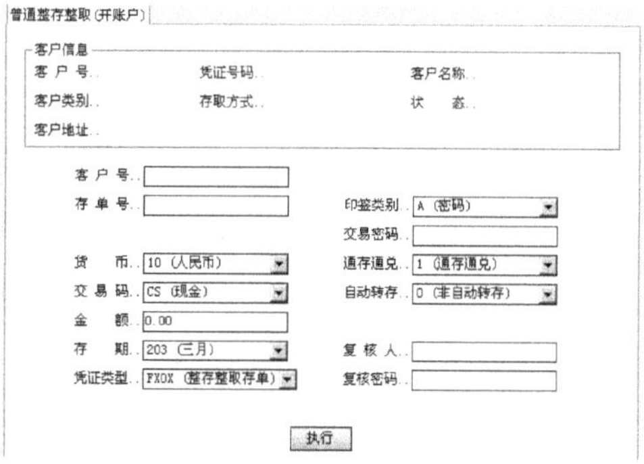

图 3-43　普通整存整取开户界面

（3）将整存整取定期储蓄存单填写完整，如图 3-44 所示。

整存整取定期储蓄存单（普通）

科目：(借)　　　　　凭证号　　　　　存单号

存入日	起息日	属性	印密	通兑	存期	约转存期	年利率（%）	到期日	到期利息	操作

账号_____　户名_____

存入金额：人民币_____　RMB￥_____

　　　　　　　　　　　　　　　　　　　　　　　　银行签章

客户印鉴　事后监督　支取时：复核（授权）　柜员　存入时：复核（授权）　柜员

图 3-44　整存整取定期储蓄存单

【业务模拟2】定期一本通现金开户业务训练

模拟角色　柜员、客户居熙本。

模拟业务　2014年01月20日，客户居熙本交来现钞5 000元，要求存定期一本通。

客户资料　姓名：居熙本；金额：人民币现钞5 000.00元；存期：12个月；证件类型：港澳居民往来内地通行证；证件号码：321796372287234123；国籍：中国；电话：92732543；地址：官头街816路23号；凭证号码：11100001。

实训报告　（1）将定期储蓄存款凭条填写完整，如图3-45所示。

储蓄存款凭条

科目：(贷)　　　　　年　　月　　日　　　　交易代码：

银行填写	
客户填写	储种：活期　活一本通　整整　定一本通　零整　教育　定活　通知　存本　整零　国债　其他 户名_____　账号_____　　　　　密码　印鉴　　通兑　其他 存期_____　转存期_____　币种_____　钞汇　假汇　金额_____ 新开户填写：地址_____　　　　　　电话_____　备注_____ 存款人证件类型_____　　　代理人姓名_____ 发证机关_____　　　　　　代理人证件类型_____　发证机关_____ 证件号码_____　　　　　　证件号码_____

存款人对上述银行记录确认无误后签名_____　事后监督　复核（授权）　柜员

图3-45　储蓄存款凭条

（2）将一本通整存整取开户界面填写完整，如图3-46所示。

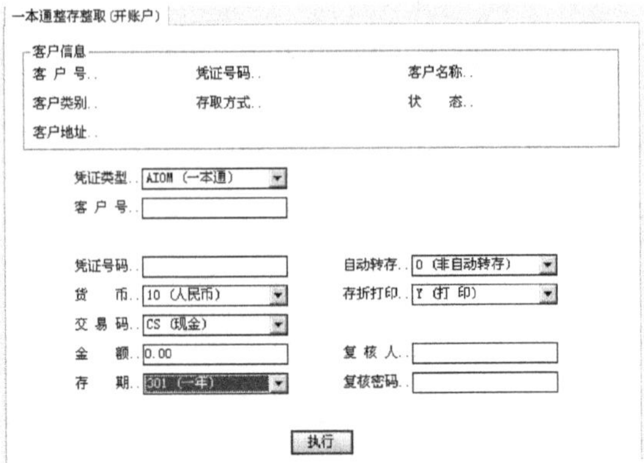

图3-46　一本通整存整取开户界面

（3）将定期一本通存折内页填写完整，如图3-47所示。

定期一本通存折

账号------------------------ 户名------------------------
办卡标志------------------- 币种------------------------
开户网点名称---------------------
凭证号-----------------
　　　　　　　　　　　　　　　　　　　银行签章
签发日期------------ 通存通兑------ 印密------

序号	交易日期	属性	注释	存期	到期日期	转存期	币种钞/汇	本金利息	利率%利税	网点号	操作

图3-47　定期一本通存折内页

2. 人民币整存整取定期储蓄部分提前支取实训

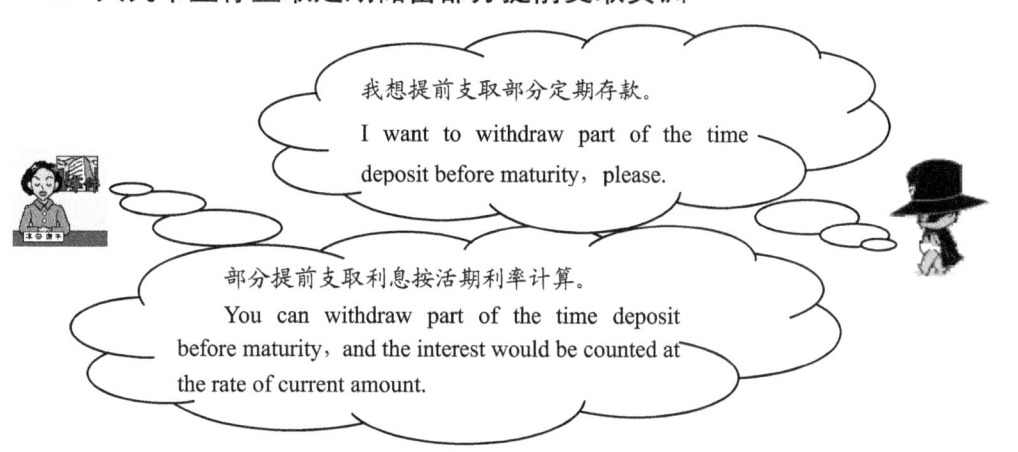

> 我想提前支取部分定期存款。
> I want to withdraw part of the time deposit before maturity, please.

> 部分提前支取利息按活期利率计算。
> You can withdraw part of the time deposit before maturity, and the interest would be counted at the rate of current amount.

虽说整存整取定期存款是指存款人在存款时约定存期一次整笔存入，到期后一次支取本金和利息的一种定期存款。但当客户急需全部或部分提前支取存款，也可凭存单和存款人的身份证件办理。若委托他人代理，则由委托人携本人及存款人身份证件办理。

提示　客户在开户时办理预约转存的，除原存期到期日和转存期到期日外，均为提前支取，应按提前支取手续办理。在原存期及转存期内可多次部分提前支取，但剩余部分金额不能小于整存整取定期储蓄最低起存额，在存款原存期到期日和转存期到期日，不办理部分提前支取。

> 现在跟我一起来学习整存整取定期储蓄存单部分提前支取业务操作流程吧!

案　例

2014年9月24日,客户梁伟兵持未到期整存整取定期储蓄存单,如图3-48所示,要求支取现金1 000元。

整存整取定期储蓄存单（普通）

科目：（借）　　　　　凭证号　　　　　存单号　11100001

存入日	起息日	属性	印密	通兑	存期	约转存期	年利率(%)	到期日	到期利息	操作
2013/10/24	2013/10/24		密	通	012	012	3.00	2014/10/24	60.00	S0001

账号　　006040241500010　　　　　户名　梁伟兵

存入金额：人民币 贰仟元整　　　　　RMB￥ 2000.00

　　　　　　　　　　　　　　　　　　　　　　　银行签章

客户印鉴　事后监督　支取时：复核（授权）　柜员　存入时：复核（授权）　柜员

图3-48　整存整取定期储蓄存单

（1）审核凭证。

客户办理整存整取存款部分提前支取,应提交定期存单及有效身份证件。

柜员审核存单的各项要素是否完整,印章是否齐全,存单是否本行签发的;审核身份证件及复印件是否真实有效,进行身份证联网核查,打印核查结果,身份证复印件加盖"与原件核对无误"及柜员名章;审核客户新填写的存款凭证上内容是否齐全、金额是否正确。采用签单服务,客户可免填存款凭证。

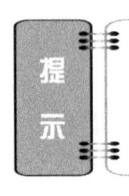

> **提示**　注意新填存款凭证上的金额应为续存部分金额。

（2）进行系统操作。

审查无误后,柜员通过输入个人定期存款提前支取交易代码,进入普通整存整取存款提前支取交易界面,如图3-49所示。

> **提示**　预留密码的,由取款人输入密码;大额取款还须经有权人授权。
> 新存单的支控、通兑方式与旧存单一致。

图 3-49　普通整存整取存款提前支取交易界面

（3）打印、核对、配款。

打印旧整存整取定期存单、新整存整取定期存单、普通整存整取部支签单服务凭证如图 3-50 所示，核对打印内容，按签单服务凭证配款。

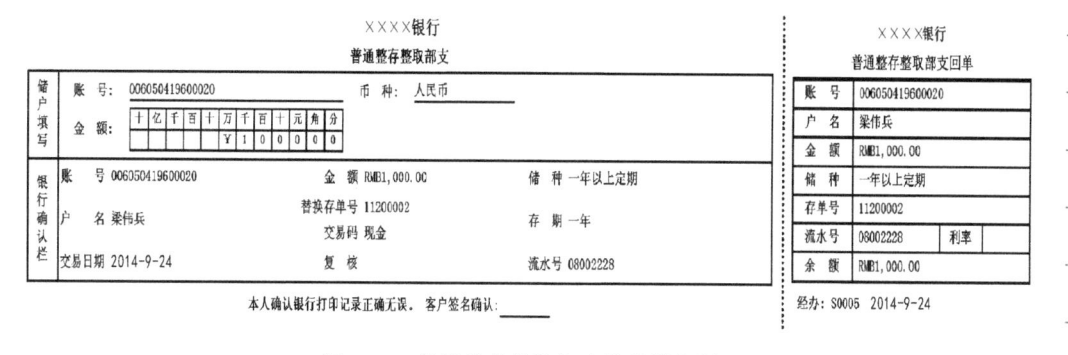

图 3-50　普通整存整取部支签单服务凭证

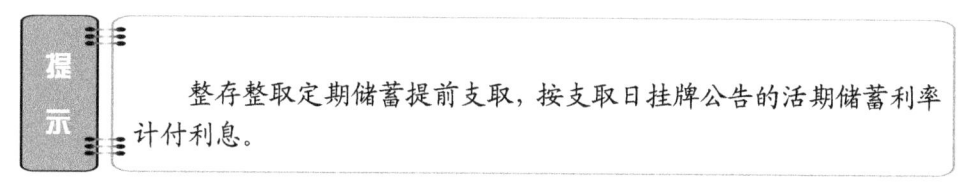

提示

整存整取定期储蓄提前支取，按支取日挂牌公告的活期储蓄利率计付利息。

（4）将新存单、现金、签单服务凭证（回单）交客户。

柜员将打印的存款凭条交存款人核对签字确认，代理人办理的由代理人签字确认。在已销户整存整取定期存单、签单服务凭证上加盖"业务清讫章"，新的整存整取定期储蓄存单（见图 3-51）加盖存单（折）专用章。

柜员将现金、新存单、身份证件、签单服务凭证（回单）递交客户。原存单、存款凭条作原始凭证随传票保管。

整存整取定期储蓄存单（普通）

科目：（借）　　　凭证号　　　存单号 11100002

存入日	起息日	属性	印密	通兑	存期	约转存期	年利率%	到期日	到期利息	操作
2013/10/24	2013/10/24		密	通	012	012	3.00%	2014/10/24	30.00	S0001

账号　006040241500010　　　户名　梁伟兵

存入金额：人民币 壹仟元整　　　　RMB￥ 1000.00

银行签章

客户印鉴　事后监督　支取时：复核（授权）　柜员　存入时：复核（授权）　柜员

图 3-51　整存整取定期储蓄存单

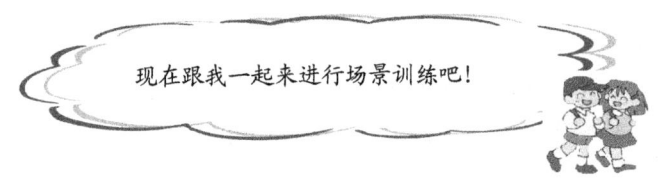

现在跟我一起来进行场景训练吧！

【业务模拟1】整存整取定期存单部分提前支取业务训练

模拟角色　柜员、客户贾明祥。

模拟业务　2014年3月10日，客户贾明祥持未到期的整存整取定期储蓄存单（见图3-52），要求提前支取现金1500元。

整存整取定期储蓄存单（普通）

科目：（借）　　　凭证号　　　存单号 11100005

存入日	起息日	属性	印密	通兑	存期	约转存期	年利率%	到期日	到期利息	操作
2013/11/10	2013/11/10		密	通	006	000	2.80%	2014/05/10	33.32	S0001

账号　006050416100010　　　户名　贾明祥

存入金额：人民币 贰仟叁佰伍拾整　　　　RMB￥ 2350.00

银行签章

客户印鉴　事后监督　支取时：复核（授权）柜员　存入时：复核（授权）　柜员***

图 3-52　整存整取定期储蓄存单

实训报告　（1）将普通整存整取提前支取界面填写完整，如图3-53所示。

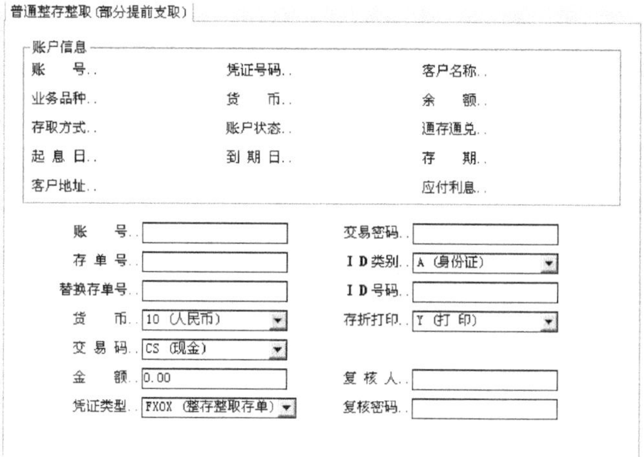

图 3-53　普通整存整取提前支取界面

（2）将新整存整取定期储蓄存单填写完整，如图 3-54 所示。

整存整取定期储蓄存单（普通）

科目：（借）			凭证号			存单号				
存入日	起息日	属性	印密	通兑	存期	约转存期	年利率（%）	到期日	到期利息	操作

账号_____　户名_____

存入金额：人民币_____　RMB￥_____

银行签章

客户印签　事后监督　支取时：复核（授权）　　柜员　　存入时：复核（授权）　　柜员

图 3-54　整存整取定期储蓄存单

试试自己做一次吧！

【业务模拟 2】定期一本通提前支取业务训练

模拟角色　柜员、客户居熙本。

模拟业务　2014 年 03 月 20 日，居熙本持定期一本通存折如图 3-55 所示，要求支取 3 000 元。

实训报告　（1）将一本通整存整取提前支取界面填写完整，如图 3-56 所示。

（2）将定期一本通存折内页填写完整，如图 3-57 所示。

57

```
┌─────────────────────────────────────────────────────────────────┐
│                       定期一本通存折                              │
│                                                                   │
│  账号--006050418800010--------       户名—居熙本-------------      │
│  办卡标志---------------------       币种---RMB-------------      │
│  开户网点名称-----------------                                    │
│  凭证号-11100005 -------------                                    │
│                                                    银行签章       │
│  签发日期 14/01/20------    通存通兑-通-    印密--密----          │
└─────────────────────────────────────────────────────────────────┘
```

序号	交易日期	属性	注释	存期	到期日期	转存期	币种钞/汇	本金利息	利率%利税	网点号	操作
1	14/01/20	001	现存	301	15/01/20	000	RMB	5000.00	3.00%	0605	S0005

图 3-55　定期一本通存折内页

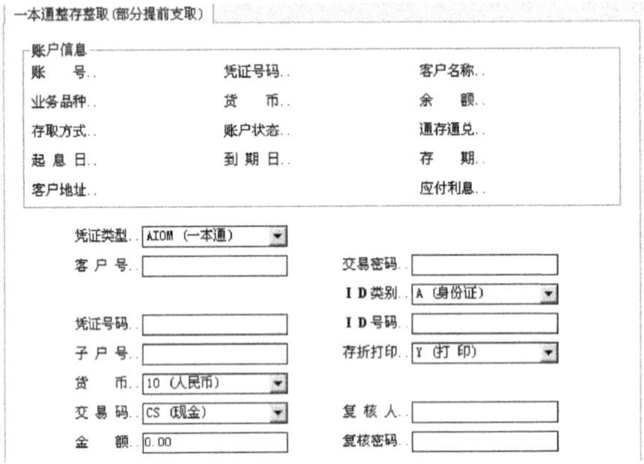

```
┌──────────────────────────────────────────────────────┐
│ 一本通整存整取(部分提前支取)                           │
│ ┌──账户信息──────────────────────────────────────┐  │
│ │ 账  号..         凭证号码..       客户名称..     │  │
│ │ 业务品种..       货  币..         余  额..       │  │
│ │ 存取方式..       账户状态..       通存通兑..     │  │
│ │ 起 息 日..       到 期 日..       存  期..       │  │
│ │ 客户地址..                        应付利息..     │  │
│ └──────────────────────────────────────────────────┘  │
│   凭证类型..  AIOM (一本通)                           │
│   客 户 号..               交易密码..                 │
│                            I D 类别.. A (身份证)      │
│   凭证号码..               I D 号码..                 │
│   子 户 号..               存折打印.. Y (打印)        │
│   货    币.. 10 (人民币)                              │
│   交 易 码.. CS (现金)     复 核 人..                 │
│   金    额.. 0.00          复核密码..                 │
└──────────────────────────────────────────────────────┘
```

图 3-56　一本通整存整取部分提前支取界面

```
┌─────────────────────────────────────────────────────────────────┐
│                       定期一本通存折                              │
│                                                                   │
│  账号--006050418800010--------       户名—居熙本-------------      │
│  办卡标志---------------------       币种---RMB-------------      │
│  开户网点名称-----------------                                    │
│  凭证号-11100005 -------------                                    │
│                                                    银行签章       │
│  签发日期-14/01/20------    通存通兑-通-    印密--密----          │
└─────────────────────────────────────────────────────────────────┘
```

序号	交易日期	属性	注释	存期	到期日期	转存期	币种钞/汇	本金利息	利率%利税	网点号	操作
1	14/01/20	001	现存	301	15/01/20	000	RMB	5000.00	3.00%	0605	S0005

图 3-57　定期一本通存折内页

3. 人民币整存整取定期储蓄销户业务实训

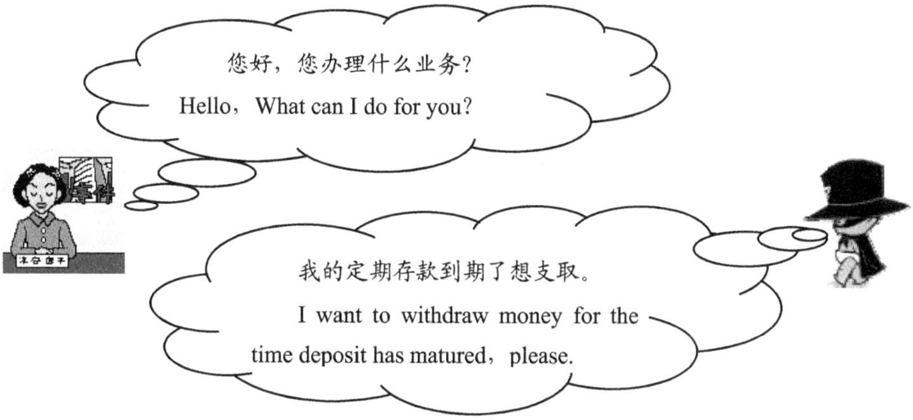

> 您好，您办理什么业务？
> Hello, What can I do for you?

> 我的定期存款到期了想支取。
> I want to withdraw money for the time deposit has matured, please.

整存整取定期储蓄销户分为到期支取销户、全部提前支取销户和逾期支取销户，销户时既可支取现金，也可转账支取，但必须是同名转账。这三种销户业务流程基本相同，在此以到期支取销户为例介绍整存整取定期储蓄销户业务。

> 现在跟我一起来学习整存整取定期储蓄存单现金销户业务操作流程吧！

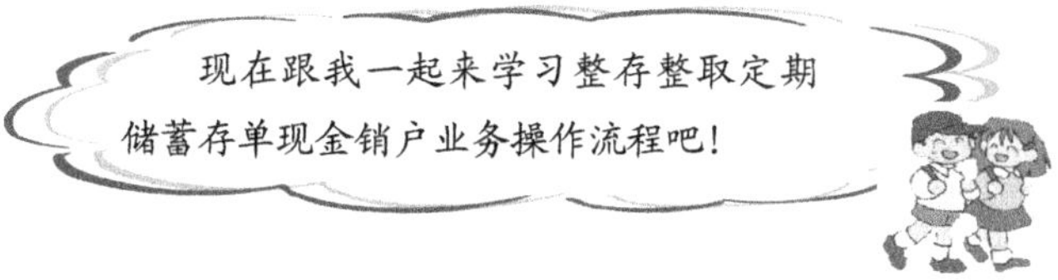

案 例

客户梁伟兵，持到期整存整取定期储蓄存单（见图3-58），要求支取全部现金。

整存整取定期储蓄存单（普通）

科目：（借）　　　凭证号　　　存单号 11100002

存入日	起息日	属性	印密	通兑	存期	约转存期	年利率 %	到期日	到期利息	操作
2013/10/24	2013/10/24		密	通	012	012	3.00%	2014/10/24	30.00	S0001

账号　006040241500010　　　户名　梁伟兵

存入金额：人民币 壹仟元整　　　RMB￥ 1000.00

银行签章

客户印鉴　事后监督　支取时：复核（授权）　柜员　存入时：复核（授权）　柜员

图3-58　整存整取定期储蓄存单

（1）审核凭证。

客户凭整存整取定期存单支取存款，若大额取款或全部提前支取，客户还须出示本人身份证件。若委托他人代取，还须同时出示代理人的身份证件。

> **提示**：对从储蓄账户提取现金20万元（含20万元）以上的，要求取款人必须提前一天预约。

柜员必须审核整存整取定期存单的各项要素是否完整，印章是否齐全，存单是否真实有效。对人民币5万元（含）以上大额现金取款的，须审核存款人身份证件并做联网核查；若代理人取款的，须同时提供存款人及代理人身份证件。

（2）进行系统操作。

审查无误后，柜员通过输入个人定期存款现金取款销户交易代码，进入普通整存整取销户交易界面，如图3-59所示。

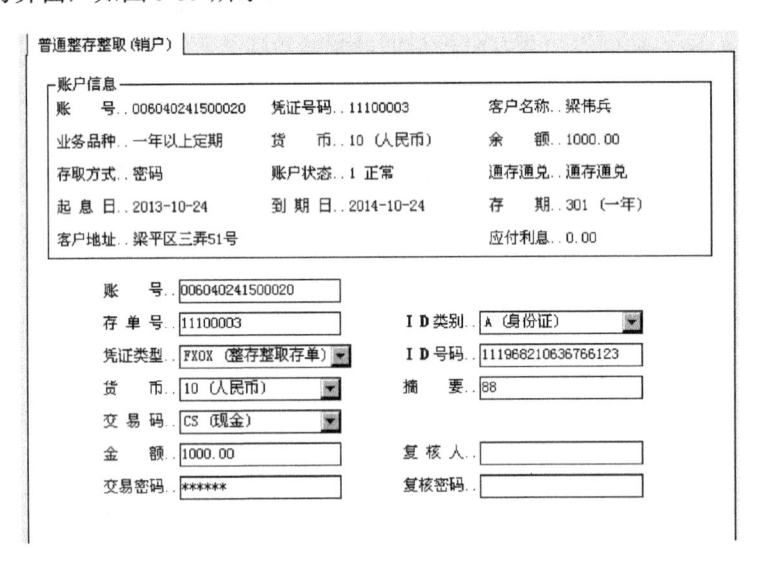

图3-59　普通整存整取销户交易界面

> **提示**：预留密码的，由取款人输入密码；大额取款还必须经有权人授权。

（3）打印、核对、配款。

打印整存整取定期存单和利息清单，核对打印内容，对户名、金额等内容要重点审核。储蓄存款利息清单（第一联）（见图3-60），由客户签字确认、配款。

储蓄存款利息清单

币种：RMB　　　　2014 年 10 月 24 日　　　　交易序号：

户　名	梁伟兵				账　号	006040241500020		
储　种	本　金	类　别	利率(%)	利　息	应税利息	税率（%）	税金	
定期	1000.00	销户息	3.00	30.00	0.00	0.00	0.00	
网点号	现转标志	税后利息	税后本息合计		备注	操　作		
0604	现	30.00	1030.00			S0001		

事后监督　　　　复核（授权）　　　　　　　柜员***

图 3-60　储蓄存款利息清单

> **提示**　发生现金支付时，根据凭证金额按照从大到小的顺序逐位配款，并依次按实物券别录入，无误后方可对外支付。

（4）将现金、利息清单交客户。

整存整取定期存单和利息清单上加盖"业务清讫章"，将利息清单（第二联）、现金交予客户。利息清单银行留存联等交客户签字后收回。

> **提示**　整存整取定期储蓄到期支取，期间不论利率是否调整，均按存单开户日挂牌公告的相应的定期储蓄存款利率计付利息。逾期支取时，其超过原定存款（含约定转存）的部分，均按支取日挂牌公告的活期储蓄利率计付利息。

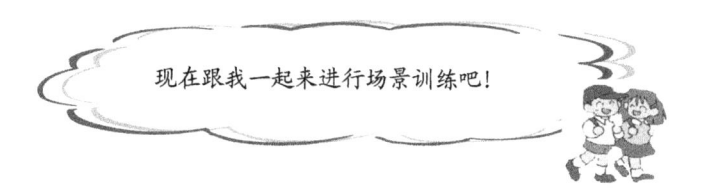

现在跟我一起来进行场景训练吧！

● **【业务 1】整存整取定期存单全部提前支取销户业务训练**

　　模拟角色　柜员、客户贾明祥。

　　模拟业务　2014 年 4 月 10 日，客户贾明祥持未到期整存整取定期储蓄存单（见图 3-61），要求全部提前支取。

整存整取定期储蓄存单（普通）

科目：（借）　　　　　凭证号　　　　存单号 11100010

存入日	起息日	属性	印密	通兑	存期	约转存期	年利率(%)	到期日	到期利息	操作
2013/11/10	2013/11/10		密	通	006	000	2.80	2014/05/10	11.90	S0001

账号　006050416100010　　　　　户名　贾明祥

存入金额：人民币 捌佰伍拾元整　　　　RMB￥ 850.00

　　　　　　　　　　　　　　　　　　　　　银行签章

客户印鉴　事后监督　支取时：复核（授权）　柜员　存入时：复核（授权）　柜员***

图 3-61　整存整取定期储蓄存单

实训报告　（1）将普通整存整取销户界面填写完整，如图 3-62 所示。

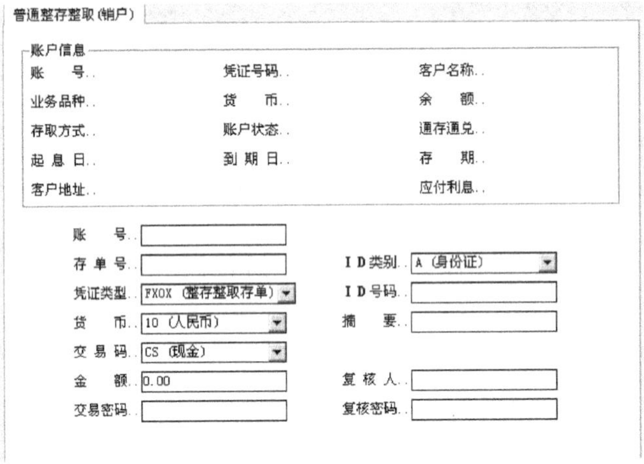

图 3-62　普通整存整取销户界面

（2）将储蓄存款利息清单填写完整，如图 3-63 所示。

储蓄存款利息清单

币种：　　　　　年　月　日　　　交易序号：

户名					账号			
储种	本金	类别	利率(%)	利息	应税利息	税率(%)	税金
网点号	现转标志	税后利息	税后本息合计			备注	操作

事后监督　　　　　复核（授权）　　　　　柜员

图 3-63　储蓄存款利息清单

> 试试自己做一次吧！

【业务2】 定期一本通逾期支取业务训练

模拟角色 柜员、客户居熙本。

模拟业务 2015年2月20日，客户居熙本持定期一本通如图3-64所示，要求支取1个月前到期的存款。

定期一本通存折

账号--006050418800010--------
办卡标志-----------------------
开户网点名称--------------------
凭证号-11100005----------------

户名—居熙本-------------
币种---RMB--------------

银行签章

签发日期-14/01/20------ 通存通兑-通- 印密--密----

序号	交易日期	属性	注释	存期	到期日期	转存期	币种钞/汇	本金利息	利率%利税	网点号	操作
1	14/01/20	001	现存	301	15/01/20	000	RMB	5000.00	3.00%	0605	S0005

图3-64 定期一本通存折内页

实训报告 （1）将一本通整存整取销户界面填写完整，如图3-65所示。

图3-65 一本通整存整取销户界面

（2）将储蓄存款利息清单（见图3-66）填写完整。

储蓄存款利息清单

币种：			年 月 日		交易序号：		
户 名				账 号			
储 种	本 金	类 别	利率%	利息	应税利息	税率%	税金
网点号	现转标志	税后利息	税后本息合计		备注	操 作	
	事后监督		复核（授权）			柜员	

图3-66　储蓄存款利息清单

单元3　人民币其他储蓄业务操作

[训练目标]

通过本单元的练习，了解定活两便储蓄存款、个人通知存款、教育储蓄存款等人民币其他储蓄业务操作流程；掌握相关操作要点。

抱歉让您久等了。
Sorry for having kept you waiting.

没关系。
Not at all.

人民币储蓄业务除了常见的活期储蓄、定期储蓄业务外，还有定活两便储蓄存款、个人通知存款、教育储蓄存款等业务，如表3-3所示。

表3-3　人民币其他储蓄业务

类 型	开 户	续 存	支取（销户）
定活两便	现金开户 转账开户	—	销户
通知存款	现金开户 转账开户	—	通知、部分支取 销户
教育储蓄	现金开户 转账开户	现金续存 转账续存	销户

1. 人民币定活两便储蓄现金开户实训

定活两便储蓄是指客户一次性存入人民币本金，不约定存期，支取时一次性支付全部本金和税后利息的一种储蓄存款。

定活两便储蓄仅限人民币，一般 50 元起存，单笔存入金额不能超过 50 万元，既可现金存入，也可同名转账存入。

其账户包括存单、特种存单、一本通三种形式，这三种形式在具体操作中大同小异。在此以存单形式举例介绍定活两便储蓄现金开户业务。

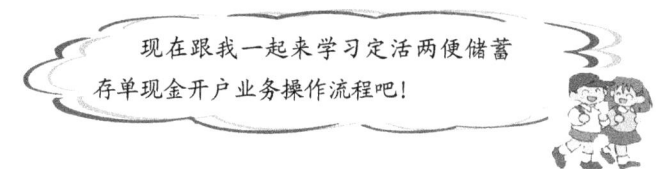

> 现在跟我一起来学习定活两便储蓄存单现金开户业务操作流程吧！

案 例

客户王玉虬，持现金 3 200 元要求进行定活两便开户。

客户资料 姓名：王玉虬；国籍：中国；证件类型：身份证；证件号码：822817992879318020；
常住地址：郑坊乡福寿路 4 号；邮编：100033；联系电话：64802551；
凭证号码：50000501。

（1）审核客户填写的存款凭条要素。

定活两便存款的开户，需存款人填写储蓄存款凭条（见图 3-67）并约定支取方式，连同有效身份证原件、现金一并交柜员。

储蓄存款凭条

科目：（贷）　　2013 年 12 月 26 日　　交易代码：

银行填写	
客户填写	储种：活期　活一本通　整整　定一本通　零整　教育　定活√　通知　存本　整零　国债　其他 户名 <u>王玉虬</u>　　账号 _____　　密码√　印鉴　通兑√　其他 存期_____　转存期_____　币种 <u>人民币</u>　钞√ 汇　假汇　金额 <u>3200.00</u> 新开户填写：地址 <u>郑坊乡福寿路 4 号</u>　　电话 <u>64802551</u>　备注_____ 存款人证件类型 <u>身份证</u>　　代理人姓名_____ 发证机关_____　　代理人证件类型_____　发证机关_____ 证件号码 <u>822817992879318020</u>　证件号码_____

存款人对上述银行记录确认无误后签名_____ 事后监督　复核（授权）　柜员

图 3-67　储蓄存款凭条

柜员需审核凭条上户名、金额是否清晰，有无涂改，资料是否填清、填全。

> 提示：开户时不能免填凭条。

（2）点收现金。

现金收入，应实行唱收，并需当面点清，一笔一清，按"三先三后"程序操作。

（3）进行系统操作。

审核凭条并清点现金无误后，就进入个人储蓄界面，如图 3-68 所示，先建立客户信息。

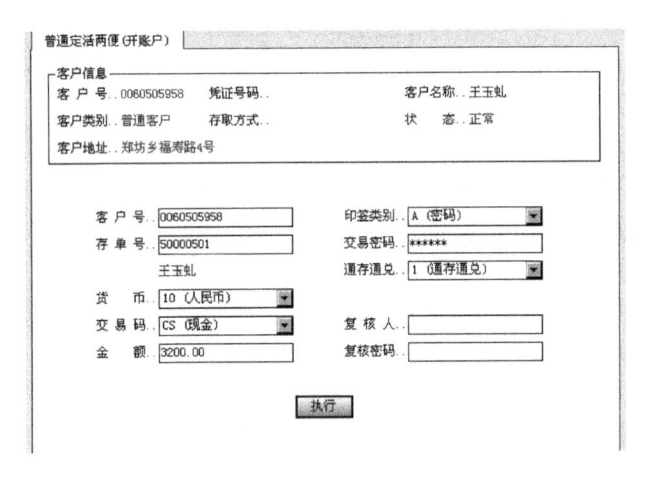

图 3-68　建立客户信息界面

建立客户信息后，输入开户交易代码，进入普通定活两便存款现金开户交易界面，如图 3-69 所示，录入相关信息。其中，账号由系统自动生成，凭证号等信息是通过刷折系统自动读取的磁条信息。

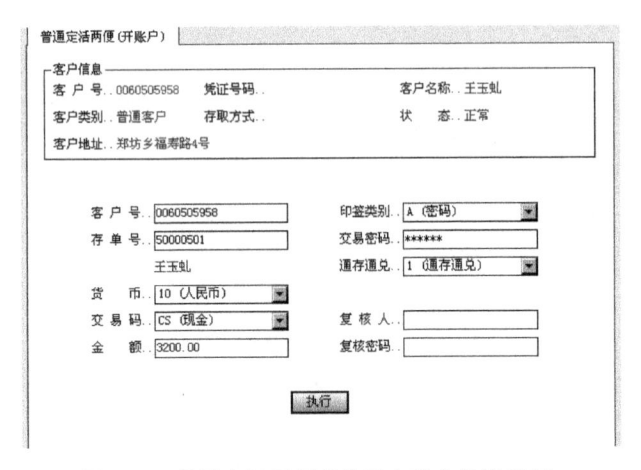

图 3-69　普通定活两便存款现金开户交易界面

（4）打印定活两便存单与凭条。

交易成功后，柜员根据系统提示打印存款凭条和定活两便存单，存款凭条交客户签字确认收回。

> **提示** 新开定活两便存单时，5万元（含）以下的使用普通存单，5万元以上至50万元（含）使用大额存单，50万元以上的使用特种大额存单。

（5）定活两便存单签章后交客户。

在打印的存款凭条上加盖现讫章、定活两便存单上加盖业务公章，完成后将存单、身份证件、客户留存凭证交给客户。

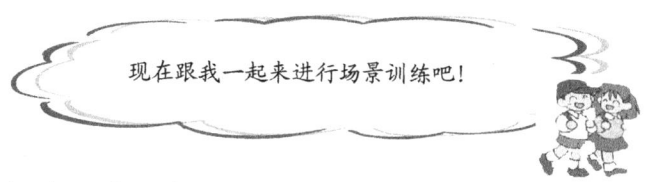

现在跟我一起来进行场景训练吧！

【业务1】定活两便现金开户业务训练

模拟角色 柜员、客户王明照。

模拟业务 客户王明照交来现钞4 000元，要求存定活两便存款。

客户资料 姓名：王明照；证件类型：身份证；证件号码：110081787948331021；联系电话：53415527；地址：鞁带胡同17号；邮编：110023；凭证号码：50000502。

实训报告 （1）将储蓄存款凭条（见图3-70）填写完整。

储蓄存款凭条

科目：(贷)　　　　　年　月　日　　　交易代码：

银行填写	
客户填写	储种：活期　活一本通　整整　定一本通　零整　教育　定活　通知　存本　整零　国债　其他 户名_____ 账号_____ 密码　印鉴　通兑　其他 存期_____ 转存期_____ 币种_____ 钞汇　假汇　金额_____ 新开户填写：地址_____ 电话_____ 备注_____ 存款人证件类型_____ 代理人姓名_____ 发证机关_____ 代理人证件类型_____ 发证机关_____ 证件号码_____ 证件号码_____

存款人对上述银行记录确认无误后签名_____　事后监督　复核（授权）　柜员

图3-70　储蓄存款凭条

（2）将建立客户信息界面填写完整，如图 3-71 所示。

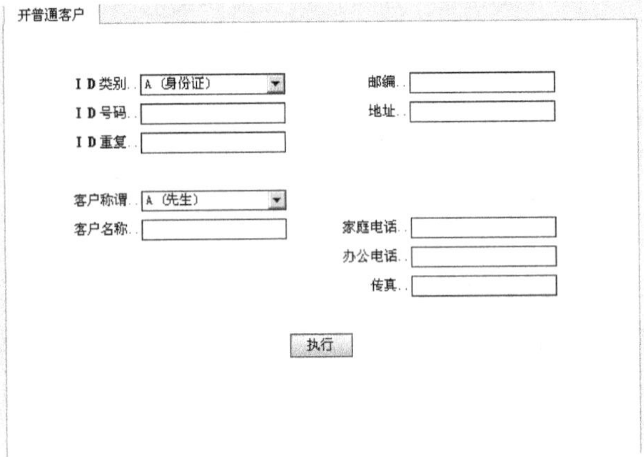

图 3-71　建立客户信息界面

（3）将普通定活两便开户界面填写完整，如图 3-72 所示。

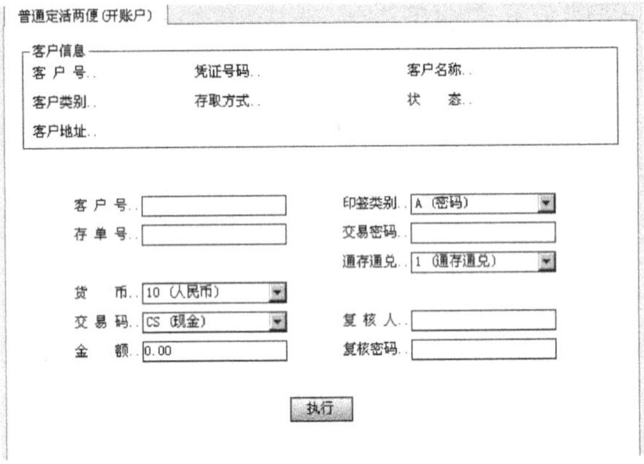

图 3-72　普通定活两便开户界面

2. 人民币定活两便储蓄现金销户实训

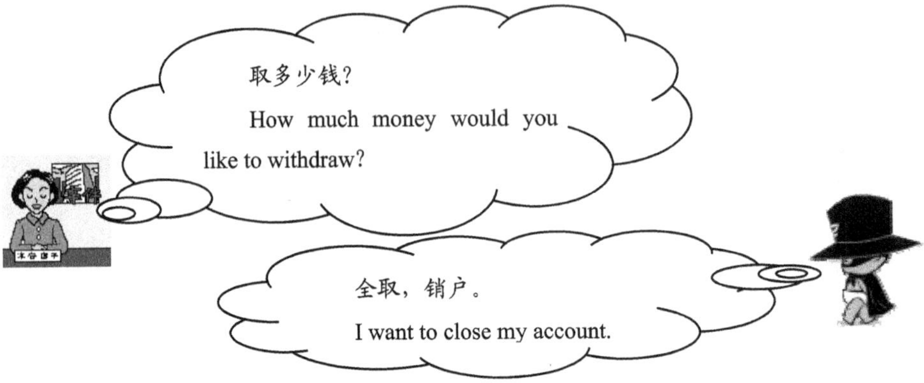

取多少钱？
How much money would you like to withdraw?

全取，销户。
I want to close my account.

定活两便存款支取时一次性支付本金和利息。当存款天数达到或超过整存整取的相应存期（最长的存期为一年）时，利率按支取当日挂牌该定期整存整取存期利率档次下浮一定比率确定，不分段计息，存款天数达不到整存整取的最低存期时，按支取当日挂牌活期利率计算利息。

定活两便储蓄现金取款销户业务一般可分为正常取款销户和挂失销户两种，正常取款销户业务较常见。

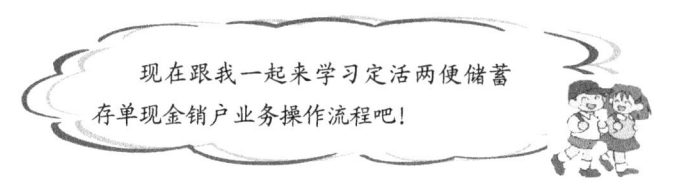

> 现在跟我一起来学习定活两便储蓄存单现金销户业务操作流程吧！

案例

客户王玉虬，持存期刚 2 个月的定活两便存单要求进行销户。

（1）柜员审核存单。

柜员审核存单的各项要素是否完整，印章是否齐全，存单是否本行签发的。如大额取款还应审核证件是否有效，在凭证背面或系统上摘录客户证件。

提示：取款人须凭定活两便存单办理销户，若大额取款，客户还须出示取款人身份证件（代办支取的，还须同时出示代理人身份证件）。

（2）进行系统操作。

审核凭证无误后，柜员通过输入定活两便储蓄现金取款交易代码，进入普通定活两便销户交易界面，如图 3-73 所示。

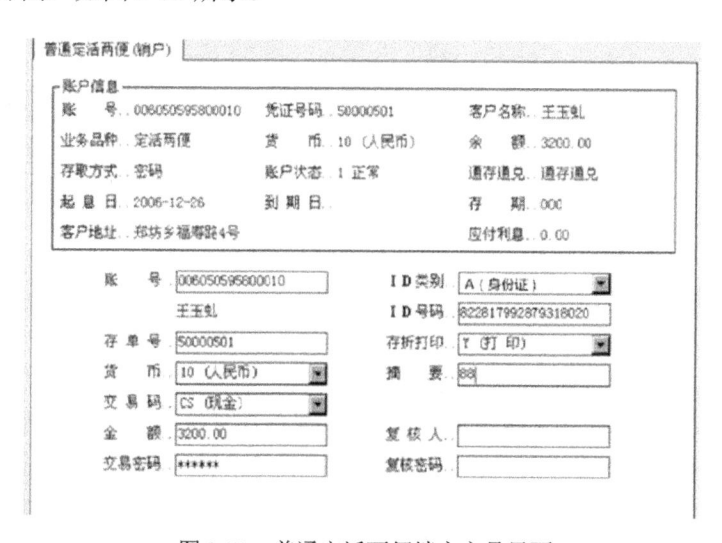

图 3-73　普通定活两便销户交易界面

(3) 打印、核对、配款。

打印定活两便存单、取款凭条和利息清单，柜员核对打印内容，储蓄存款利息清单（第一联）（见图3-74）由客户签字确认，按取款凭条配款。

储蓄存款利息清单

币种：RMB	2014 年 02 月 26 日			交易序号：			
户 名	王玉虬			账 号	006050595800010		
储 种	本 金	类 别	利率（%）	利 息	应税利息	税率（%）	税 金
定活两便	3200.00	销户息	0.35	1.87	0.00	0.00	0.00
网点号	现转标志	税后利息	税后本息合计		备注	操 作	
0605	现	1.87	3201.87			S0005	
事后监督		复核（授权）			柜员***		

图3-74 储蓄存款利息清单

> **提示**
>
> 定活两便储蓄存款利息的计算如表3-4所示。

表3-4 定活两便储蓄存款利息的计算

存 期	计 息
不满3个月	按支取日挂牌的活期储蓄存款利率
3个月（含）以上不满半年	按支取日挂牌公布的整存整取3个月定期储蓄存款利率打6折
半年以上（含）不满1年	按支取日挂牌公布的整存整取半年期定期储蓄存款利率打6折
1年以上（含）	按支取日挂牌公布的整存整取1年期定期储蓄存款利率打6折

(4) 将现金、利息清单（第二联）交予客户。

定活两便存单和利息清单上加盖"业务清讫章"，将现金、利息清单（第二联）交予客户，定活两便存单和利息清单（第一联）柜员留存。

知识拓展

以上介绍的是正常销户的业务过程，若是挂失销户，则客户办妥定活两便储蓄存款账户正式挂失止付手续7天后，凭挂失申请书（第一联）及本人身份证件到原挂失网点办理挂失销户手续。柜员具体操作如下：

① 抽出网点留存的挂失申请书（二联），审核挂失申请书（二联）及身份证件有关要素是否齐全、合法、准确、有效。

② 使用"查询挂失登记簿"交易进行查询，核对该笔挂失记录与挂失申请书内容是否一致。

③ 使用"定活两便挂失开户"交易，由有权人授权，由客户输入密码。

④ 打印特殊业务凭证和定活两便存单，柜员核对打印内容。

⑤ 特殊业务凭证及利息清单上加盖"业务清讫章"，现金、身份证件交客户，挂失申请书（第二联）视同存单作特殊业务凭证附件送监督中心，挂失申请书（第一联）由监督中心永久保管。

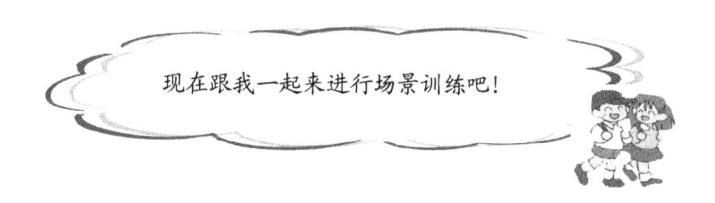

现在跟我一起来进行场景训练吧！

【业务】定活两便现金销户业务训练

模拟角色　柜员、客户王明照。

模拟业务　客户王明照持存期已满一年的定活两便存单要求销户。

实训报告　（1）将普通定活两便销户界面填写完整，如图3-75所示。

普通定活两便（销户）

账户信息
账　号　　　凭证号码　　　客户名称
业务品种　　　货　币　　　　余　额
存取方式　　　账户状态　　　通存通兑
起息日　　　　到期日　　　　存　期
客户地址　　　　　　　　　　应付利息

账　　号　[　　　]　　ID类别　[A（身份证）▼]
存单号　[　　　]　　ID号码　[　　　]
货　　币　[10（人民币）▼]　存折打印　[Y（打印）▼]
交易码　[CS（现金）▼]　摘　要　[　　　]
金　　额　[0.00]　　　复核人　[　　　]
交易密码　[　　　]　　复核密码　[　　　]

图3-75　普通定活两便销户界面

（2）将储蓄存款利息清单（见图3-76）填写完整。

储蓄存款利息清单

币种：			年 月 日			交易序号：		
户 名						账 号		
储 种	本 金	类 别	利率（%）	利息	应税利息	税率（%）	税金
网点号	现转标志	税后利息	税后本息合计			备注	操 作

事后监督　　　　　　　复核（授权）　　　　　　　柜员

图 3-76　储蓄存款利息清单

3. 人民币个人通知存款现金开户实训

> 没问题。
> No problem.

> 您能告诉我如何开户吗？
> Could you tell me how to open an account?

人民币个人通知存款是存款时不约定存期，一次性存入本金，可以一次或分次支取，支取时需提前通知营业机构，约定支取存款日期和金额的业务。起存金额和最低支取金额均为 5 万元（含）人民币。

个人通知存款不论实际存期多长，按存款人提前通知的期限长短，划分为 1 天个人通知存款和 7 天个人通知存款两个品种。

个人通知存款只能办理现金存取业务和同名账户转账业务。其账户包括存单、特种存单、一本通三种形式，这三种形式在具体操作中大同小异。在此以存单形式举例介绍个人通知存款现金开户业务。

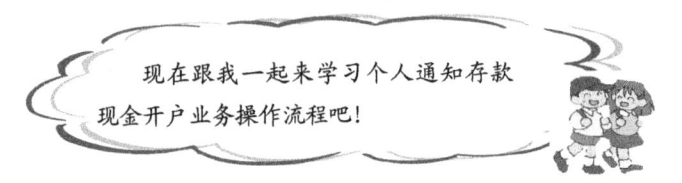

> 现在跟我一起来学习个人通知存款现金开户业务操作流程吧！

案例

客户栾大禹，持现金 200 000 元要求进行 7 天通知存款开户。

客户资料　姓名：栾大禹；通知期：7 天；证件类型：居民身份证；证件号码：511054565432089123；联系电话：51404724；地址：珂步市新汴路食品厂；邮编：510022；凭证号码：60001202。

（1）审核客户填写的存款凭条要素。

通知存款的开户，需存款人填写储蓄存款凭条（见图 3-77），连同有效身份证原件、现金一并交柜员。

储蓄存款凭条

科目：（贷）　　2013 年 12 月 27 日　　　交易代码：

银行填写	

| 客户填写 | 储种：活期　活一本通　整整　定一本通　零整　教育　定活　通知√　存本　整零　国债　其他
户名 栾大禹　　账号　　　　　　　　密码　印鉴　通兑√　其他
存期　　　转存期　　　币种 人民币　　钞√ 汇　假汇　金额 200000.00
新开户填写：地址 珂步市新汴路食品厂　　电话 51404724　　备注
存款人证件类型　居民身份证　　代理人姓名
发证机关　　　　　　　　　代理人证件类型　　　　　发证机关
证件号码 511054565432089123　　证件号码 |

存款人对上述银行记录确认无误后签名　　　　事后监督　复核（授权）　柜员

图 3-77　储蓄存款凭条

柜员需审核凭条上户名、金额是否清晰，有无涂改，资料是否填清、填全。

> **提示**　个人通知存款的最低起存金额为 5 万元（含）人民币或等值外汇。

（2）点收现金。

现金收入，应实行唱收，并需当面点清，一笔一清，按"三先三后"程序操作。

（3）进行系统操作。

审核凭条并清点现金无误后，进入建立客户信息界面，如图 3-78 所示。

图 3-78　建立客户信息

建立客户信息后，输入开户交易代码，进入普通通知存款开户界面，如图 3-79 所示，录入相关信息。其中，账号由系统自动生成，凭证号等信息是通过刷折系统自动读取的磁条信息。

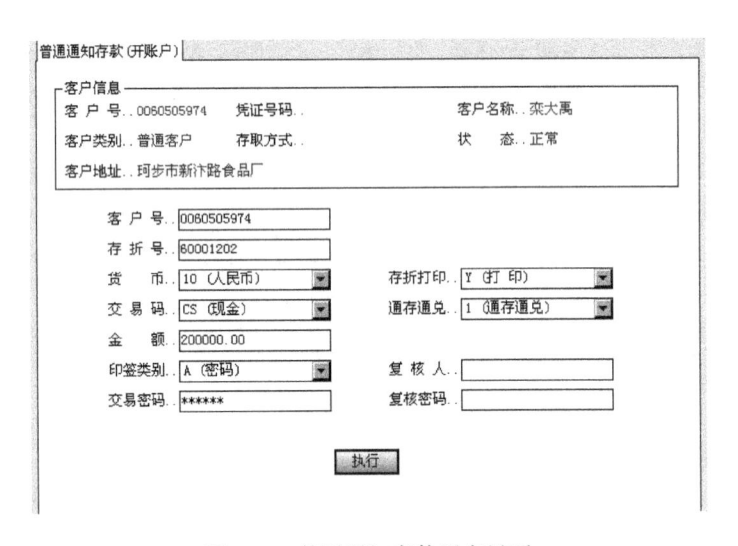

图 3-79　普通通知存款开户界面

（4）打印个人通知存款存单与凭条。

交易成功后，柜员根据系统提示打印存款凭条和个人通知存款存单，存款凭条交客户签字确认收回。

> **提示**　新开个人通知存款存单时，5 万元（含）以下的使用普通存单，5 万元以上至 50 万元（含）使用大额存单。

（5）个人通知存款存单签章后交客户。

在打印的存款凭条上加盖现讫章、个人通知存款存单上加盖业务公章，完成后将存单、身份证件、客户留存凭证交给客户。

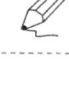

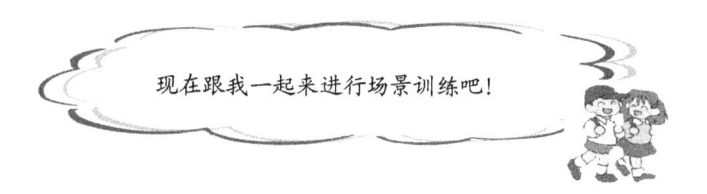

> 现在跟我一起来进行场景训练吧！

【业务】个人通知存款现金开户业务训练

模拟角色　柜员、客户薛文德。

模拟业务　客户薛文德于 2014 年 1 月 20 日，交来现钞 150 000 元，要求存 1 天通知存款。

客户资料　姓名：薛文德；通知期：1 天；证件类型：身份证；证件号码：616822973849020123；联系电话：63157348；地址：加利湾朱口镇 56 号；邮编：100066；凭证号码：60001204。

实训报告　（1）将储蓄存款凭条（见图 3-80）填写完整。

储蓄存款凭条

科目：（贷）　　　　年　月　日　　　　交易代码：

银行填写	
客户填写	储种：活期　活一本通　整整　定一本通　零整　教育　定活　通知　存本　整零　国债　其他 户名＿＿＿＿＿＿　账号＿＿＿＿＿＿　　　　密码　印鉴　通兑　其他 存期＿＿＿＿　转存期＿＿＿＿　币种＿＿＿＿　钞汇　假汇　金额＿＿＿＿＿＿ 新开户填写：地址＿＿＿＿＿＿＿＿＿＿　电话＿＿＿＿＿＿　备注＿＿＿＿＿＿ 存款人证件类型 ＿＿＿＿＿＿＿＿　　代理人姓名 ＿＿＿＿＿＿＿＿ 发证机关 ＿＿＿＿＿＿＿　　代理人证件类型 ＿＿＿＿＿＿　发证机关 ＿＿＿＿＿＿ 证件号码 ＿＿＿＿＿＿＿　　证件号码 ＿＿＿＿＿＿

存款人对上述银行记录确认无误后签名＿＿＿＿＿＿　事后监督　复核（授权）　柜员

图 3-80　储蓄存款凭条

（2）将建立客户信息界面填写完整，如图 3-81 所示。

（3）将普通通知存款开户界面填写完整，如图 3-82 所示。

75

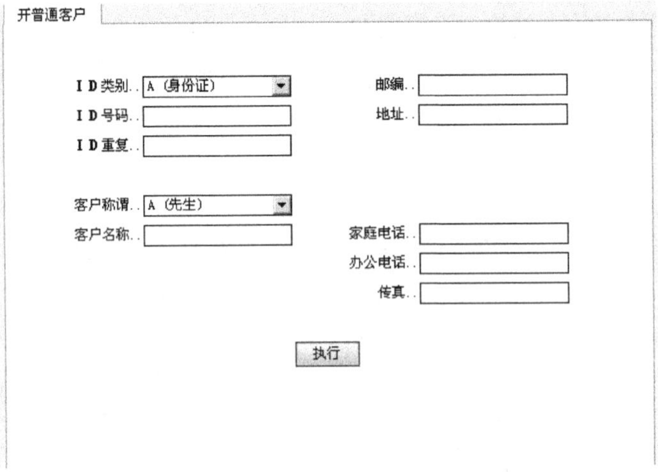

图 3-81　建立客户信息界面

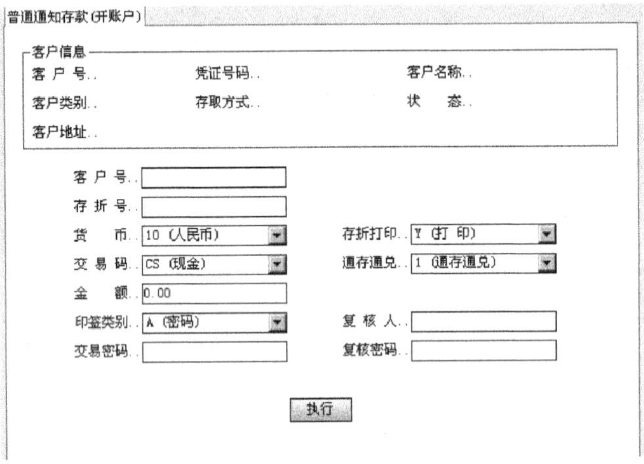

图 3-82　普通通知存款开户界面

4．人民币个人通知存款部分支取实训

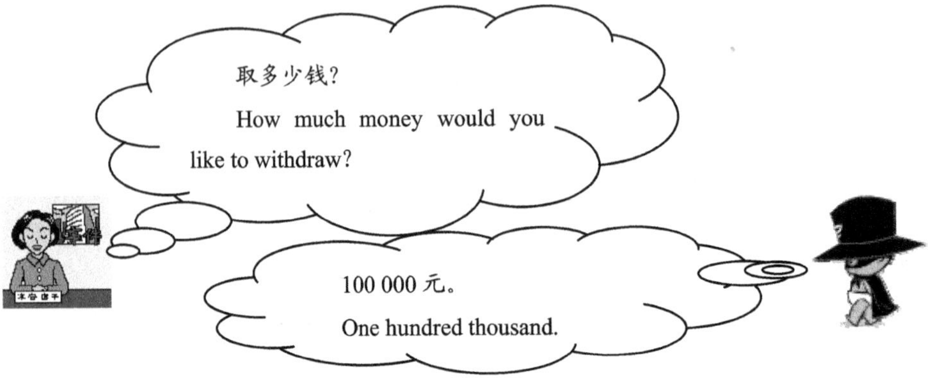

取多少钱？
How much money would you like to withdraw?

100 000 元。
One hundred thousand.

人民币个人通知存款可以一次或分次支取,但支取前需按约定将取款时间提前通知银行,按约定日期支取存款。1天通知存款必须提前1天通知约定支取存款,7天通知存款必须提前7天通知约定支取存款。通知期限自通知之日起起算,1天通知存款可于第二日支取,7天通知存款可于第八日支取。一次通知,只能办理一次支取。

个人通知存款储蓄部分支取后留存低于起存金额的给予清户。

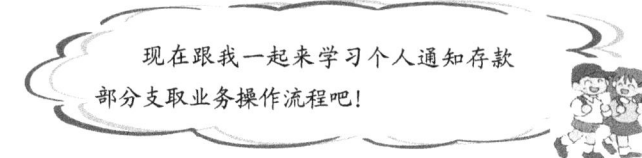

> 现在跟我一起来学习个人通知存款部分支取业务操作流程吧!

案 例

客户栾大禹,持个人通知存款存单要求支取 100 000 元。

(1)取款通知。

客户支取前需按约定将取款时间提前1天或7天,通知银行。接到客户通知后,柜员使用"个人通知存款提前通知/取消通知"交易进行处理。

知识拓展

在通知期限内,存款人可通知银行取消取款,银行接到客户取消原通知约定的要求后,也使用"个人通知存款提前通知/取消通知"交易进行处理。

(2)审核凭条。

客户办理通知存款取款(销户)时,应提交通知存款存单、有效身份证件、建立通知时的客户回单。

柜员需审核通知是否到期;存单的各项要素是否完整,印章是否齐全,存单是否真实有效。审核存款人身份证件,若代理人取款的同时须提供存款人及代理人身份证件,并做联网核查。

取款人按通知期限办理部分支取时,要填写存款凭证,柜员需审核存款凭证上内容填写是否齐全(采用签单服务,客户可免填存款凭证)。

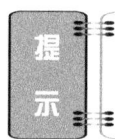

提示

存款凭证上的金额为续存部分金额。

77

（3）进行系统操作。

审核凭证无误后，柜员通过输入个人通知存款部分支取交易代码，进入普通通知存款部分提前支取交易界面，如图 3-83 所示。

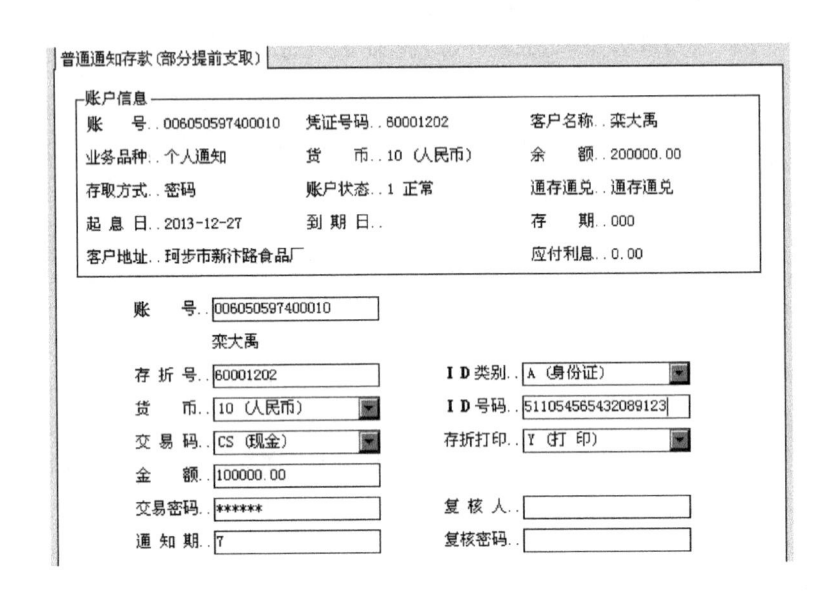

图 3-83　普通通知存款部分提前支取交易界面

（4）打印、核对、配款。

打印旧个人通知存款存单、新个人通知存款存单、普通通知存款部支签单服务凭证（见图 3-84），核对打印内容，对户名、金额等内容要重点审核。签单服务凭证由客户签字确认、配款。

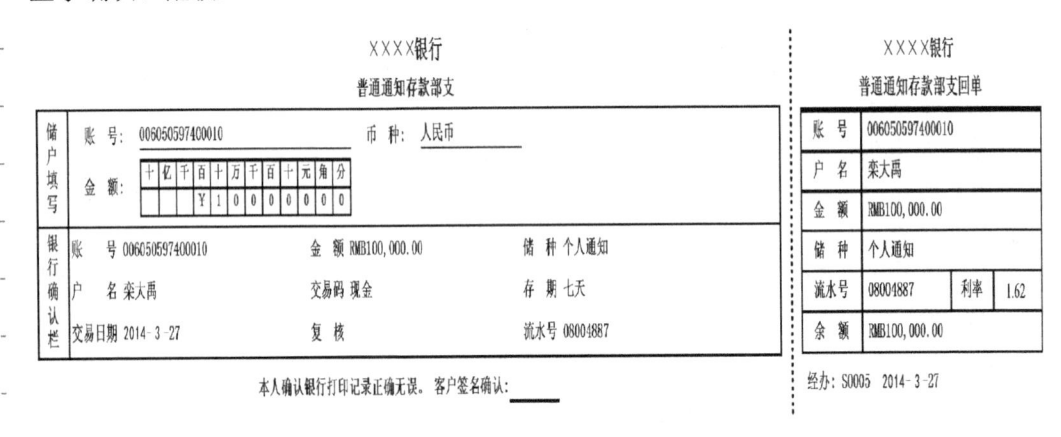

图 3-84　普通通知存款部支签单服务凭证

> **提示**
>
> 个人通知存款利息计算的特殊规定:
>
> ① 对已办理通知手续而未支取或在通知期限内取消通知的，通知期限内不计息，实际存期需剔除通知期限，即7天通知存款存期剔除7天，1天通知存款期剔除1天。
>
> ② 实际存期不足通知期限按活期存款利率计息；未提前通知而支取的，支取部分按活期存款计息；已办理通知手续而提前支取或逾期支取的，支取部分按活期存款利息计息，支取金额不足或超过金额的，不足或超过部分按活期存款利率计息；支取金额不足最低支取金额的，按活期存款利率计息；留存部分低于起存金的给予清户，按清户日挂牌公告的活期储蓄存款利率计息。

（5）将现金、签单服务凭证（回单）交予客户。

已销户个人通知存款存单、签单服务凭证上加盖"业务清讫章"，新的个人通知存款存单加盖存单（折）专用章，将现金、签单服务凭证（回单）交予客户，已销户的个人通知存款存单、签单服务凭证柜员留存。

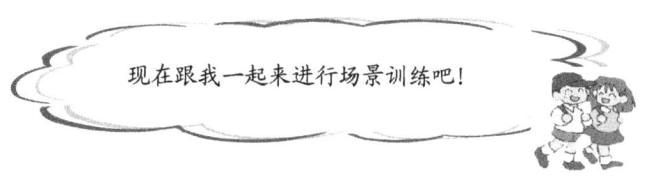

现在跟我一起来进行场景训练吧！

【业务】个人通知存款现金销户业务训练

模拟角色　柜员、客户薛文德。

模拟业务　2014年4月20日，客户薛文德持个人通知存款存单要求销户。

实训报告　（1）将普通通知存款销户界面填写完整，如图3-85所示。

图3-85　普通通知存款销户界面

（2）将储蓄存款利息清单（见图 3-86）填写完整。

储蓄存款利息清单

币种：　　　　　　年　月　日　　　　　　交易序号：

户　名					账　号			
储　种	本　金	类　别	利率（%）	利息	应税利息	税率（%）	税金	
网点号	现转标志	税后利息	税后本息合计			备　注	操　作	

事后监督　　　　　　复核（授权）　　　　　　柜员

图 3-86　储蓄存款利息清单

5．教育储蓄存款现金开户实训

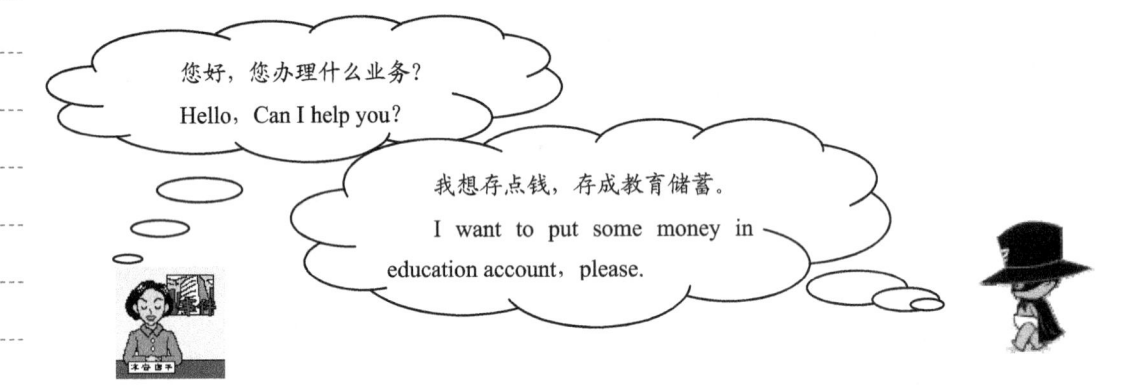

> 您好，您办理什么业务？
> Hello, Can I help you?

> 我想存点钱，存成教育储蓄。
> I want to put some money in education account, please.

人民币教育储蓄是为接受非义务教育积蓄资金，实行利率优惠、利息免税的一种零存整取定期储蓄存款业务。

教育储蓄只能办理现金存取业务和同名账户转账业务，其主要业务有开户、续存、销户。

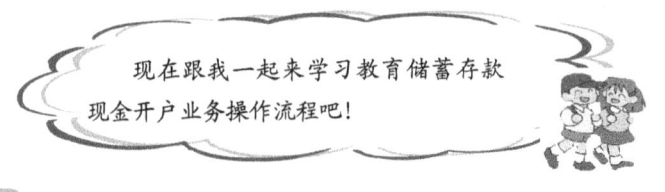

> 现在跟我一起来学习教育储蓄存款现金开户业务操作流程吧！

案　例

客户陶玉喜，2008 年 12 月 20 日，持现钞人民币 250.00 元要求存教育储蓄。

客户资料　姓名：陶玉喜；存期：72 个月；证件类型：户口簿；证件号码：221014404354827020；联系电话：62325479；地址：翼城县红旗街；邮编：320032；凭证号码：60001101。

(1) 审核客户填写的存款凭条要素。

审核储蓄存款凭条（见图 3-87）上的户名、月存款金额、地址等项目填写是否齐全，身份证件是否有效，证件号码与客户提供的证件号码是否一致，相关证件是否真实有效，并做联网核查。

> **提示**　教育储蓄对象为在校小学四年级（含）以上正在接受非义务教育的在校学生，其在就读全日制高中（中专）、大专和大学本科、硕士和博士研究生时，三个学习阶段可分别享受一次 2 万元教育储蓄的优惠。

储蓄存款凭条

科目：（贷）　　2008 年 12 月 20 日　　　　交易代码：

银行填写	
客户填写	储种：活期　活一本通　整整　定一本通　零整　教育√定活　通知　存本　整零　国债　其他 户名 陶玉喜　　账号　　　　　　　　　　密码√　印鉴　通兑√　其他 存期　　　转存期　　　币种 人民币　　钞√汇　假汇　金额 250.00 新开户填写：地址　翼城县红旗街　　　电话 62325479　　备注 存款人证件类型　　户口簿　　　代理人姓名 发证机关　　　　　　　　　　代理人证件类型　　　　　发证机关 证件号码 221014404354827020　　证件号码

存款人对上述银行记录确认无误后签名　　　　事后监督　复核（授权）　柜员

图 3-87　储蓄存款凭条

> **提示**　教育储蓄 50 元起存，本金合计的最高限额为 2 万元，其存期分 1 年、3 年和 6 年 3 个档次。

（2）点收现金。

现金收入，应实行唱收，并需当面点清，一笔一清，按"三先三后"程序操作。

（3）进行系统操作。

审核凭条并清点现金无误后，进入建立客户信息界面，如图 3-88 所示。

图 3-88　建立客户信息界面

建立客户信息后，输入开户交易代码，进入普通教育储蓄现金开户交易界面，如图 3-89 所示，录入相关信息。其中，账号由系统自动生成，凭证号等信息是通过刷折系统自动读取的磁条信息。

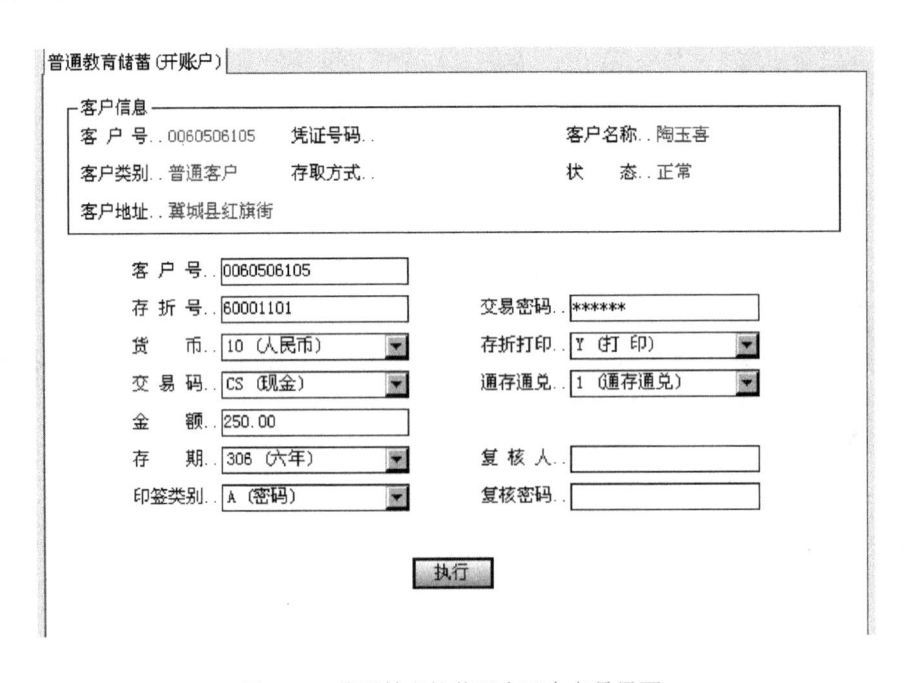

图 3-89　普通教育储蓄现金开户交易界面

（4）打印、核对。

打印存款凭证、教育储蓄存折，核对打印存款凭证、教育储蓄存折凭证上各项内容，对户名、金额等内容重点审核。

（5）存折签章交客户。

教育储蓄存折上加盖存单（折）专用章，存款凭证上加盖"业务清讫章"，将教育储蓄存折、身份证件交客户，存款凭证作为业务凭证由柜员留存。

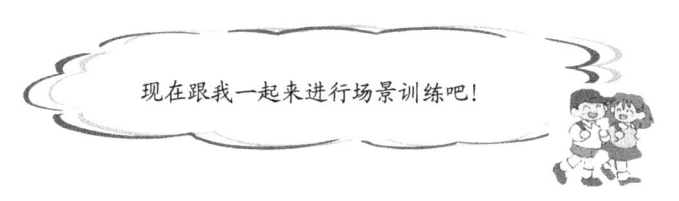

现在跟我一起来进行场景训练吧！

【业务】教育储蓄现金开户业务训练

模拟角色　柜员、客户沈庆志。

模拟业务　客户沈庆志于 2011 年 2 月 15 日交来现钞 550 元，要求存成 3 年期教育储蓄存款。

客户资料　姓名：沈庆志；存期：36 个月；证件类型：身份证；证件号码：549836205520886123；联系电话：30104980；地址：松潭村大北 228 号；邮编：2110023；凭证号码：60001106。

实训报告　（1）将储蓄存款凭条（见图 3-90）填写完整。

储蓄存款凭条

科目：(贷)　　　　　　年　月　日　　　　交易代码：

银行填写	
客户填写	储种：活期　活一本通　整整　定一本通　零整　教育　定活　通知　存本　整零　国债　其他 户名＿＿＿＿＿　账号＿＿＿＿＿＿＿　密码　印鉴　通兑　其他 存期＿＿＿　转存期＿＿＿＿　币种＿＿＿＿　钞汇　假汇　金额＿＿＿＿＿ 新开户填写：地址＿＿＿＿＿＿＿＿＿电话＿＿＿＿＿＿备注＿＿＿＿ 存款人证件类型＿＿＿＿　　代理人姓名＿＿＿＿＿ 发证机关＿＿＿＿＿＿　　代理人证件类型＿＿＿＿　发证机关＿＿＿＿＿ 证件号码＿＿＿＿＿＿　　证件号码＿＿＿＿＿＿

存款人对上述银行记录确认无误后签名＿＿＿＿　事后监督　复核（授权）　柜员

图 3-90　储蓄存款凭条

（2）将建立客户信息界面填写完整，如图 3-91 所示。

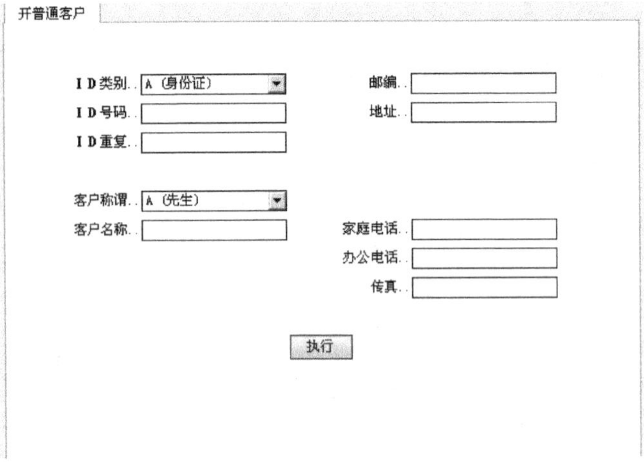

图 3-91　建立客户信息界面

（3）将普通教育储蓄开户界面填写完整，如图 3-92 所示。

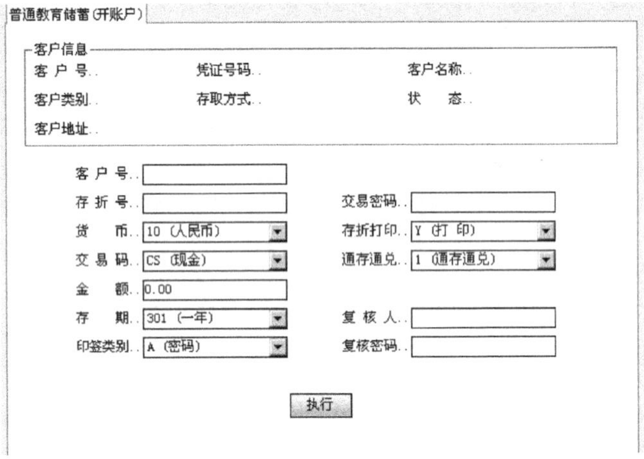

图 3-92　普通教育储蓄开户界面

6. 教育储蓄存款现金销户实训

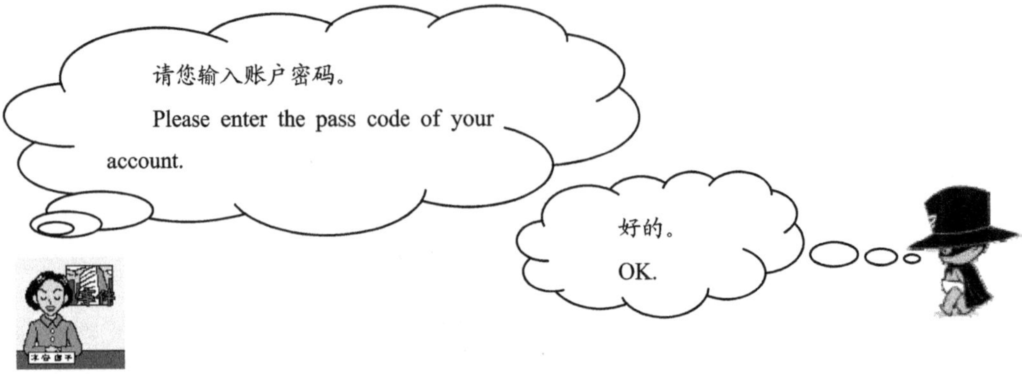

请您输入账户密码。

Please enter the pass code of your account.

好的。

OK.

教育储蓄现金取款销户业务一般可分为正常取款销户和挂失销户两种,正常取款销户业务较常见。

> 现在跟我一起来学习教育储蓄存单现金销户业务操作流程吧!

案 例

客户陶玉喜,2014 年 12 月 20 日持到期教育储蓄存折要求进行销户。

(1)审核凭条。

取款人凭教育储蓄存折、学校开出的录取通知书或正在接受非义务教育的学生身份证明文件办理销户。

若提前支取,客户还须出示取款人身份证件,委托他人代取,还须同时出示代理人的身份证件。采用签单服务,客户可免填取款凭证。

> **提示**：若客户不能提供"证明",存款不享受利率优惠,按正常个人零存整取业务办理,并应按有关规定征收储蓄存款利息所得税。每份"证明"只可以享受一次利率优惠。

(2)进行系统操作。

审核凭证无误后,柜员通过输入教育储蓄销户交易代码,进入普通教育储蓄销户交易界面,如图 3-93 所示。

图 3-93　普通教育储蓄销户交易界面

(3) 打印、核对、配款。

打印教育储蓄存折、普通教育储蓄销户签单服务凭证（见图 3-94），柜员核对打印内容，签单服务凭证由客户签字确认、配款。

××××银行 普通教育储蓄销户			××××银行 普通教育储蓄销户回单	
储户填写	账　号：006050610500010　　币　种：人民币 金　额：￥18000.00 （十亿千百十万千百十元角分）		账　号	006050610500010
			户　名	陶玉喜
			金　额	RMB18,000.00
银行确认栏	账　号 006050610500010　　金　额 RMB18,000.00　　储　种 教育储蓄 户　名 陶玉喜　　　　　　交易码 现金　　　　本息合计 RMB21,110.40 实付利息 RMB3110.40　　利　息 RMB3110.40　　税　额 RMB0.00 交易日期 2014-12-20　　复　核　　　　　　流水号 08005020		利　息	RMB3,110.40
			税　额	RMB0.00
			合　计	RMB21,110.40
			流水号 08005020　　利率 2.88	
	本人确认银行打印记录正确无误。　客户签名确认：		经办：S0005　2014-12-20	

图 3-94　普通教育储蓄销户签单服务凭证

> **提示**
> 　　教育储蓄存款利息不计税；逾期支取时，其超过原定存期的部分，按支取日活期储蓄存款利率计付利息，并按有关规定征收储蓄存款利息所得税。

(4) 将现金、签单服务凭证（回单）交予客户。

教育储蓄存折和签单服务凭证上加盖"业务清讫章"，将现金、签单服务凭证（回单）交予客户，教育储蓄存折和签单服务凭证作为业务凭证由柜员留存。

> **提示**
> 　　柜员支付存款本金和利息后，应在"证明"原件上加盖"已享受教育储蓄优惠"等字样的印章。

现在跟我一起来进行场景训练吧！

● **【业务】教育储蓄现金销户业务训练**

　　模拟角色　柜员、客户沈庆志。
　　模拟业务　客户沈庆志于 2014 年 2 月 15 日持到期教育储蓄存折要求销户。
　　实训报告　（1）将普通教育储蓄销户界面填写完整，如图 3-95 所示。

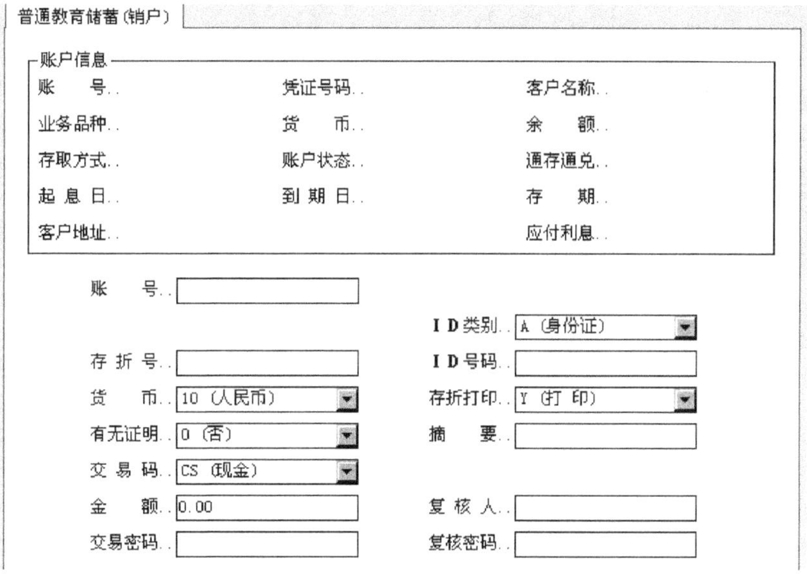

图 3-95 普通教育储蓄销户界面

（2）将储蓄存款利息清单（见图 3-96）填写完整。

储蓄存款利息清单

币种：　　　　　　　年　　月　　日　　　　交易序号：

户　名				账　号			
储　种	本　金	类别	利率（%）	利息	应税利息	税率（%）	税金
网点号	现转标志	税后利息	税后本息合计		备　注	操　作

事后监督　　　　　　　复核（授权）　　　　　　　柜员

图 3-96 储蓄存款利息清单

单元 4　外币储蓄业务操作

[训练目标]

通过本单元的练习，了解外币储蓄存款的存入、支取业务的操作流程；理解其操作要点。

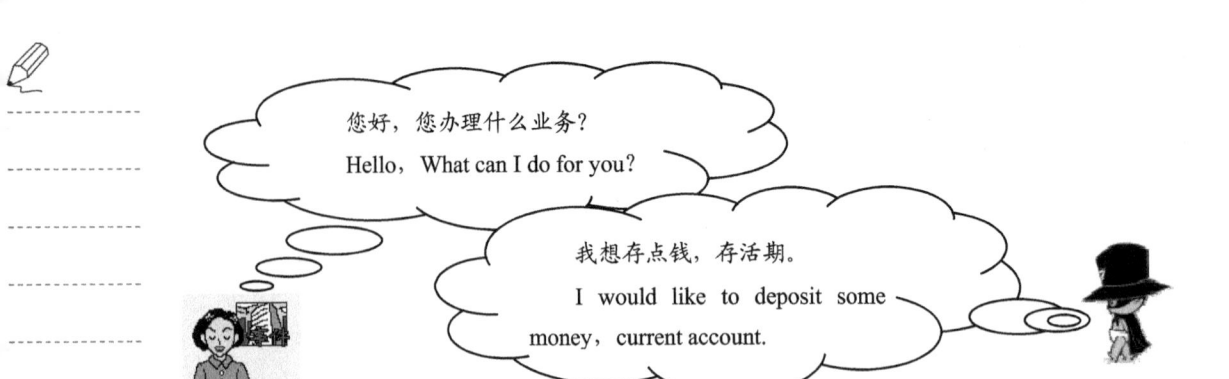

您好，您办理什么业务？
Hello, What can I do for you?

我想存点钱，存活期。
I would like to deposit some money, current account.

目前，各银行开办的外币储蓄业务主要有外币储蓄存款的存入、外币储蓄存款的支取、外币现钞的兑换等。

客户可在储蓄柜台存入现金，或是从个人结算账户、汇入汇款等转入存款，可存成活期、整存整取定期、7天通知存款等不同储种。定期存款按期限分为：1个月、3个月、6个月、1年、2年5个档次。

以上存款分为现汇账户和现钞账户。客户可以选择普通活期存折、活期一本通、定期一本通、定期存单等多种存款方式。

1. 外币储蓄存款的存入实训

外币活期储蓄是指居民个人将其所有的外汇资金存入银行，不规定存期，银行开具存折作为凭证，个人可随时凭存折续存或取款、存取金额不限的一种外币储蓄存款。

外币活期储蓄存款基本的存款币种有美元、港币、日元、欧元、英镑、澳大利亚元、加拿大元、瑞士法郎、新加坡元9种，其他可自由兑换的外币，由客户自由选择上述货币中的一种，按存入日的外汇牌价折算入账。

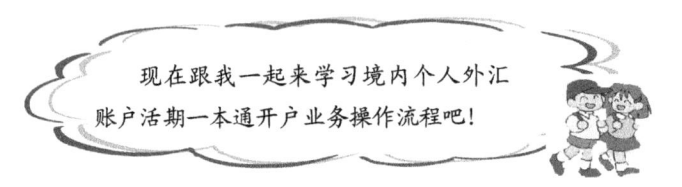

现在跟我一起来学习境内个人外汇账户活期一本通开户业务操作流程吧！

案 例

客户王一鸣交来外币现钞4 000美元，要求存活期一本通。

客户资料 姓名：王一鸣；证件类型：居民身份证；证件号码：110202148114831520；国籍：中国；联系电话：63045678；地址：北京市宣武区广安路41号；邮编：100066；凭证号码：11100010。

（1）审核客户填写的存款凭条要素。

外币储蓄存款的开户，需存款人填写活期储蓄存款凭条（见图3-97），连同有效身份证原件、外币现钞一并交柜员。

储蓄存款凭条

科目：(贷)　　　2013 年 01 月 30 日　　　　交易代码：

银行填写	
客户填写	储种：活期　活一本通 √　整整　定一本通　零整　教育　定活　通知　存本　整零　国债　其他 户名 王一鸣　　账号　　　　　　　密码 √　印鉴　通兑 √　其他 存期　　　转存期　　　币种 美元　　钞 √ 汇　假汇　金额 4000.00 新开户填写：地址 北京市宣武区广安路 41 号　　电话 63045678　备注 存款人证件类型　居民身份证　　代理人姓名 发证机关　　　　　　　　　　　代理人证件类型　　　　　发证机关 证件号码 110202148114831520　证件号码

存款人对上述银行记录确认无误后签名　　　　事后监督　复核（授权）　柜员

图 3-97　储蓄存款凭条

柜员需审核凭条上户名、金额是否清晰，有无涂改，资料是否填清、填全，同时还需判断该客户是开立境内个人外汇账户，还是开立境外个人外汇账户。

开户有效身份证件规定如表 3-5 所示。

表 3-5　开户有效身份证件规定

服务对象	有效身份证件
中国公民	居民身份证、户口簿、军人证、武警身份证明
港澳台同胞	港澳居民来往内地通行证、台湾居民来往大陆通行证或其他有效旅行证件
外国人、外籍华人和华侨	护照

> **提示**　个人向外汇储蓄账户存入外币现钞，当日累计等值 5 000 美元以下（含）的，可以在银行直接办理；超过上述金额的，凭本人有效身份证件、经海关签章的《中华人民共和国海关进境旅客行李物品申报单》或本人原存款银行外币现钞提取单据在银行办理。

（2）点收现金。

现金收入，需当面点清，一笔一清，仍需按"三先三后"程序操作，即先点大数（卡捆卡把）、后点细数，先点主币、后点辅币，先点大面额票币、后点小面额票币。

> **提示**　目前，部分银行柜面收兑的外币除了基本的美元、港币、英镑、欧元、日元、加拿大元、澳大利亚元、瑞士法郎、新加坡元外，还可收兑澳门元、韩元等。

(3）进行系统操作。

审核凭条并清点现金无误后，就进入外币活期储蓄界面。若客户未在该银行建立客户信息，则需先建立客户信息，如图 3-98 所示。

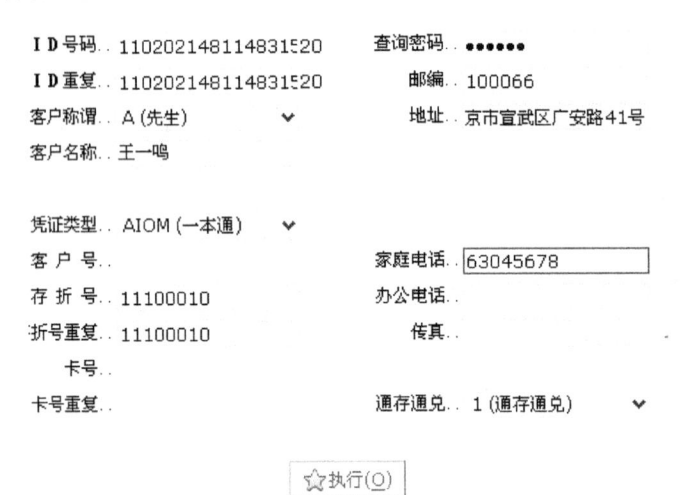

```
ID号码.. 1102021481114831520      查询密码.. ●●●●●●
ID重复.. 1102021481114831520      邮编.. 100066
客户称谓.. A（先生）              地址.. 京市宣武区广安路41号
客户名称.. 王一鸣

凭证类型.. AIOM（一本通）
客户号..                         家庭电话.. 63045678
存折号.. 11100010                办公电话..
折号重复.. 11100010               传真..
卡号..
卡号重复..                       通存通兑.. 1（通存通兑）

                ☆执行(O)
```

图 3-98　建立客户信息

建立客户信息后，输入开户交易代码，进入外币储蓄活期存款开户交易界面，如图 3-99 所示，录入相关信息。其中，账号由系统自动生成，凭证号等信息是通过刷折系统自动读取的磁条信息。

```
0070804508       凭证号码.. 11100010       客户名称.. 王一鸣
一本通客户       存取方式.. 密码           状　态.. 正常
北京市宣武区广安路41号

凭证类型.. AIOM（一本通）        存折打印.. Y（打印）
客户号..  0070804508            电话银行转账标志.. 0（否）
         王一鸣
凭证号码.. 11100010
货　币.. 32（美元）
交易码.. CS（现金）              复核人..
金　额.. 4000.00                复核密码..

                ☆执行(O)
```

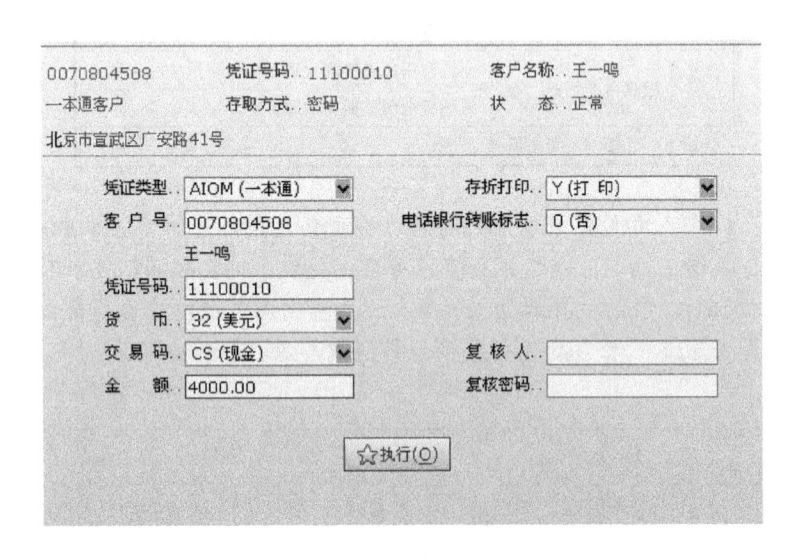

图 3-99　外币储蓄活期存款开户交易界面

（4）打印存折与凭条。

交易成功后，柜员根据系统提示打印存款凭条和存折，打印活期一本通存折如图 3-100 所示，存款凭条交客户签字确认后收回。

```
                          活期一本通存折
    账号---007080450800010------      户名----王一鸣--------
    办卡标志---------------------
    开户网点名称---0708----------
    凭证号----11100010----------
                                              银行签章
    签发日期—13/01/30-----  通存通兑---通-----  印密---密----
```

序号	交易日期	属性	注释	币种钞/汇	支出(-)或存入(+)	结余	网点号	操作
01	13/01/30	002	开户	USD钞	+4000.00	4000.00	0708	S0040

图 3-100 活期一本通存折内页

（5）存折签章后交客户。

在打印的存款凭条上加盖现讫章、存折上加盖业务公章，完成后将存折、身份证件、客户留存凭证交给客户。

> 我们一起进行场景训练吧！

【业务】定期一本通外币现金开户业务训练

模拟角色　柜员、客户张飞雪。

模拟业务　客户张飞雪于 2013 年 4 月 28 日，交来美元现钞 4 000 元，要求存一年期定期存款。

客户资料　姓名：张飞雪；金额：美元现钞 4 000.00 元；存期：12 个月；证件类型：护照；证件号码：342796372287234135；国籍：中国；电话：93452543；地址：大发街 223 号；邮编：200010；凭证号码：12100001。

实训报告　（1）将定期储蓄存款凭条（见图 3-101）填写完整。

储蓄存款凭条

科目:(贷)　　　　　年　月　日　　　　交易代码:

银行填写	
客户填写	储种：活期 活一本通 整整 定一本通 零整 教育 定活 通知 存本 整零 国债 其他 户名_____ 账号_____ 密码___ 印鉴___ 通兑___ 其他___ 存期_____ 转存期_____ 币种_____ 钞汇___ 假汇___ 金额_____ 新开户填写：地址_____ 电话_____ 备注_____ 存款人证件类型_____　　　　代理人姓名_____ 发证机关_____　　　　　　代理人证件类型_____ 发证机关_____ 证件号码_____　　　　　　证件号码_____

存款人对上述银行记录确认无误后签名_____　事后监督　复核（授权）　柜员

图 3-101　储蓄存款凭条

（2）将一本通整存整取开户界面填写完整，如图 3-102 所示。

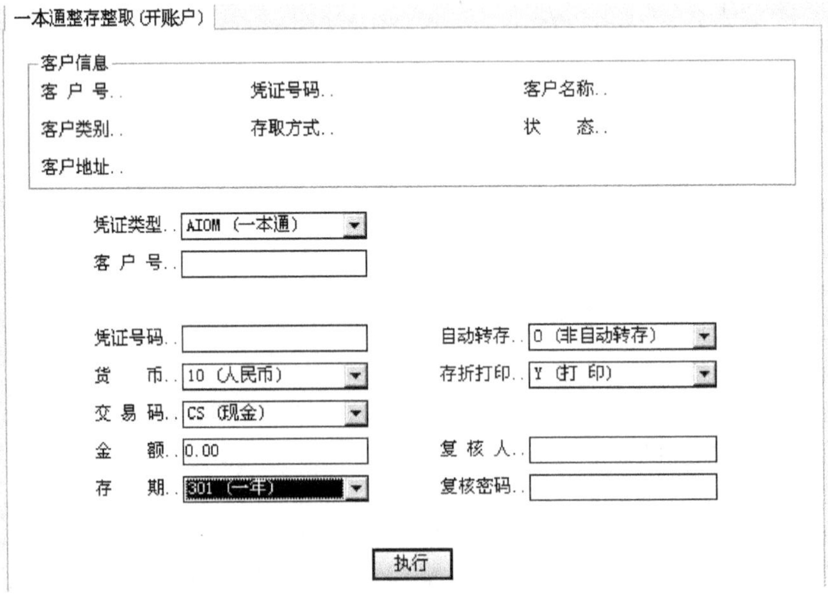

图 3-102　一本通整存整取开户界面

（3）将定期一本通存折（见图 3-103）填写完整。

定期一本通存折

账号----------------------　　户名----------------------
办卡标志------------------　　币种----------------------
开户网点名称--------------
凭证号--------------------
　　　　　　　　　　　　　　　　　　　银行签章
签发日期----------　通存通兑------　印密------

序号	交易日期	属性	注释	存期	到期日期	转存期	币种钞/汇	本金利息	利率%利税	网点号	操作

图 3-103　定期一本通存折内页

2．外币储蓄存款的支取实训

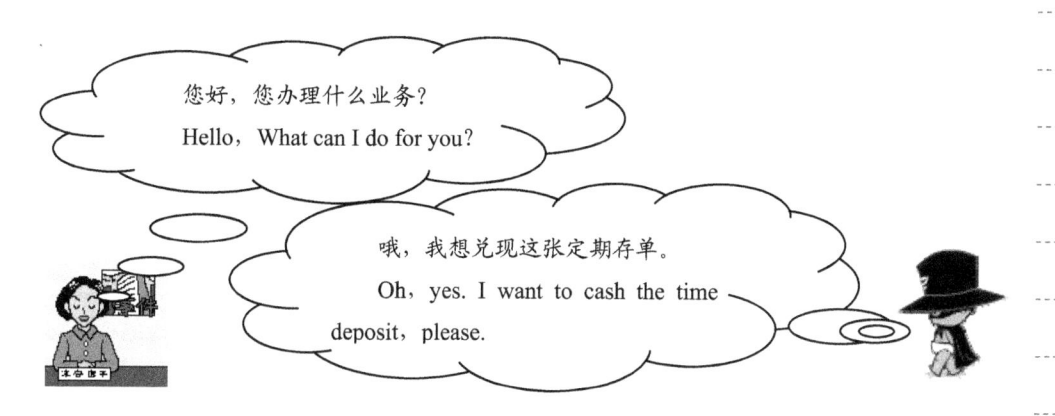

您好，您办理什么业务？
Hello, What can I do for you?

哦，我想兑现这张定期存单。
Oh, yes. I want to cash the time deposit, please.

外币储蓄存款账户支取现钞，相关业务规定如表 3-6 所示。

表 3-6　外币储蓄存款账户支取现钞

一次性提取等值 1 万美元现钞以下（含）的	一次性提取等值 1 万美元现钞以上的
直接到银行办理	须提供本人有效身份证件、提钞用途证明等向银行所在地外汇局事前报备。银行凭本人有效身份证件和经外汇局签章的《提取外币现钞备案表》办理提取外币现钞手续

除此之外，外币定期储蓄、活期储蓄、通知存款的业务流程与人民币储蓄业务的流程基本相同。

> 下面，跟我一起来学习外币活期储蓄支取现钞业务操作流程吧！

案 例

客户王一鸣，持活期一本通存折（见图3-104）要求支取美元现钞。

活期一本通存折

账号---007080450800010------ 户名----王一鸣--------

办卡标志--------------------

开户网点名称---0708----------

凭证号----11100010----------

银行签章

签发日期---13/01/30----- 通存通兑---通---- 印密---密----

序号	交易日期	属性	注释	币种钞/汇	支出（-）或存入（+）	结余	网点号	操作
01	13/01/30	002	开户	USD 钞	+4000.00	4000.00	0708	S0040

图3-104 活期一本通存折内页

（1）审核凭证。

客户凭活期一本通支取存款，柜员需根据客户类型，以及取款金额，确定客户所须出示的身份证明。

> **提示** 等值5万美元及以上的外币现金取款，须至少提前一天通知银行备付现金。

（2）进行系统操作。

审查无误后，柜员通过输入外币活期储蓄存款取款销户交易代码，进入交易界面，如图3-105所示。

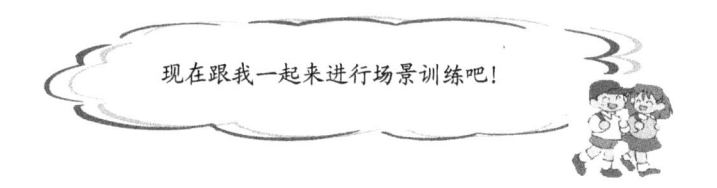

```
┌─────────────────────────────────────────────────────────┐
│ ■ 一本通活期(销户)                                        │
│ 账户信息                                                  │
│ 账  号..007080450800010  凭证号码..11100010  客户名称..王一鸣 │
│ 货  币..10(人民币)        余  额..4000.00    业务品种..活期储蓄 │
│ 存取方式..密码            账户状态..1 正常    通存通兑..通存通兑 │
│ 客户地址..北京市宣武区广安路41号                          │
│                                                         │
│         凭证类型.. AIOM(一本通) ▼   交易密码.. ●●●●●●    │
│         客 户 号.. 0070804508       ID 类别.. A(身份证) ▼ │
│                   王一鸣             ID 号码.. 0202148114831520 │
│         凭证号码.. 11100010         存折打印.. Y(打 印) ▼ │
│         子 户 号.. 00010            摘   要.. 88          │
│         货   币.. 10(人民币) ▼                            │
│         交 易 码.. CS(现金) ▼       复 核 人..            │
│         金   额.. 4000.00           复核密码..            │
│                                                         │
│                      ☆执行(O)                           │
└─────────────────────────────────────────────────────────┘

图 3-105  一本通活期销户界面

（3）打印、核对、配款。

打印活期一本通存折，核对打印内容，对户名、金额等内容要重点审核。取款凭证由客户签字确认，按取款凭证配款。

> **提示** 支付的本息中含有外币零头金额的，应折成人民币支付。客户若要支兑其他货币现钞或人民币的，应按支取日外汇牌价，通过"外汇买卖"业务核算。

（4）将现钞交客户。

活期存折上加盖"销户章"，将现钞交与客户。

> **提示** 外币活期储蓄存款按季结息，每季度末月 20 日为结息日，按结息日挂牌公告的外币活期存款利率计付利息，计息币种为原存款货币。未到结息日清户时，按清户日挂牌公告的活期储蓄存款利率计息至清户前一日止。

现在跟我一起来进行场景训练吧！

● 【业务】外币定期储蓄支取现钞业务训练

模拟角色  柜员、客户张飞雪。
```

模拟业务 客户张飞雪于 2014 年 4 月 28 日，持定期一本通存折（见图 3-106）要求支取美元现钞并销户。

```
                     定期一本通存折

账号----007080451600010--------     户名------张飞雪----
办卡标志------------------------     币种-----USD-------
开户网点名称---0708-------
凭证号----12100001---------
                                              银行签章
签发日期—2013/04/28-    通存通兑—通--    印密-密—
```

序号	交易日期	属性	注释	存期	到期日期	转存期	币种钞/汇	本金利息	利率(%)利税	网点号	操作
	13/04/28	002	开户	012	14/04/28	000	USD 钞	4000.00	3.00	0708	S0040

图 3-106 定期一本通存折内页

实训报告 （1）将销户界面填写完整，如图 3-107 所示。

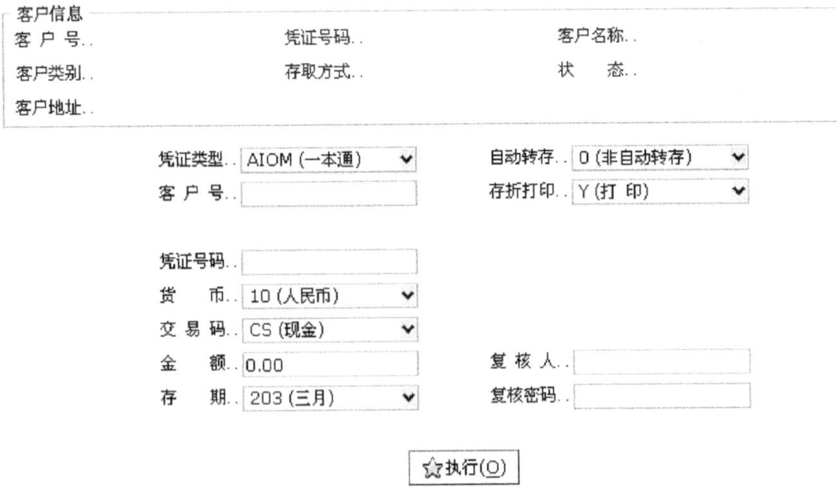

```
客户信息
客户号..              凭证号码..           客户名称..
客户类别..            存取方式..           状  态..
客户地址..

        凭证类型.. AIOM（一本通） ▼    自动转存.. 0（非自动转存）▼
        客 户 号..                        存折打印.. Y（打 印）    ▼

        凭证号码..
        货   币.. 10（人民币）▼
        交 易 码.. CS（现金）  ▼
        金   额.. 0.00              复 核 人..
        存   期.. 203（三月）▼      复核密码..

                        ☆执行(O)
```

图 3-107 销户界面

（2）将储蓄存款利息清单（见图 3-108）填写完整。

储蓄存款利息清单

币种：			年　月　日			交易序号：		
户　名						账　号		
储　种	本　金	类　别	利率（%）	利息	应税利息	税率（%）	税金	
网点号	现转标志	税后利息	税后本息合计			备注	操　作	

事后监督　　　　　　复核（授权）　　　　　　柜员

图 3-108　储蓄存款利息清单

单元5　特殊业务操作

[训练目标]

通过本单元的练习，了解个人存款挂失业务处理流程和操作方法。

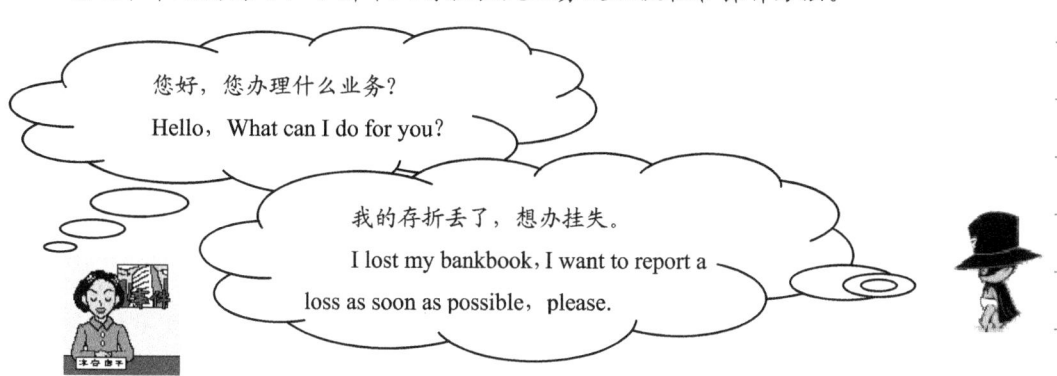

> 您好，您办理什么业务？
> Hello, What can I do for you?

> 我的存折丢了，想办挂失。
> I lost my bankbook, I want to report a loss as soon as possible, please.

在储蓄业务中，柜员会碰到一些挂失、查询、冻结、扣划等特殊业务，本单元就以挂失为例简要介绍特殊业务的处理。

个人存款挂失业务是指存款人因各种原因遗失存款单证（卡）、预留印鉴和遗忘存款密码，要求银行将有关存款账户止付，并按规定手续补发存单（折、卡）、密码重置或支取存款。下面以丢失存单（折）的挂失处理业务为例进行练习。

1. 存单（折）挂失业务实训

当客户丢失存单（折）时，客户可在任何联网的储蓄网点办理口头挂失，但必须在5天之内到原开户所办理书面挂失。

任何账户一旦挂失，就不能办理存取款业务，即冻结。冻结户既不能存款，也不能取款。当客户找到原有的存单（折）后，可以办理解除冻结，解除冻结时要求提供有效证件；若客户没找到丢失的存单或存折，过了 7 天后客户可以凭挂失申请书到储蓄所办理补开手续。

挂失补开新存单（折）时，应先解除该户的挂失状态，然后再用挂失补开交易，给储户重开一张新的存单（折）。

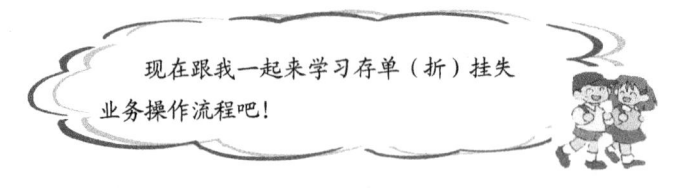

> 现在跟我一起来学习存单（折）挂失业务操作流程吧！

（1）办理正式挂失手续。

客户申请存单（折）挂失，必须填写一式三联的《挂失申请书》，提供其存款户名、日期、账号、金额、挂失原因等情况，并提交申请人有效身份证件及预留印鉴。

（2）进行系统操作。

柜员审核《挂失申请书》、申请人有效身份证件及预留印鉴，确认该存款确属尚未支付时，才能给予办理正式挂失手续，使用挂失冻结交易，如图 3-109 所示。

图 3-109　挂失冻结交易界面

将挂失申请书（第一联）加盖业务公章和经办人员名章后，交客户作领取新存单或取款的凭据，柜员需在挂失登记簿上进行登记。

（3）解除挂冻。

客户办妥正式挂失止付手续 7 天后，凭挂失申请书（第一联）及本人身份证到原挂失网点办理销户手续。

柜员抽出网点留存的挂失申请书（第二联），审核挂失申请书（二联）及身份证件有关要素是否齐全、合法、准确、有效后，使用解除挂冻交易，如图 3-110 所示。

账户信息

账　　号	凭证号码	客户名称
货　　币	余　　额	业务品种
存取方式	账户状态	冻结金额
起 息 日	到 息 日	存　　期
挂失种类	挂失日期	挂失用户

凭证类型　NMPS（普通存折）
账　　号

替换存折号
重　　复
ＩＤ类别　A（身份证）
ＩＤ号码
摘　　要

图 3-110　解除挂冻交易界面

> **提示**
> 　　客户存单（折）在挂失后 7 天之内又找到的，可以要求取消挂失申请。客户在保存的一联挂失申请书上签注"撤销挂失"后交银行收回，柜员在留存的挂失申请书上批注"撤销挂失"字样，并注销挂失登记簿，一联挂失申请书留存，一联送事后监督部门保管。

（4）补发新存单（折）或付款。

　　打印特殊业务凭证、利息清单，柜员核对打印内容，挂失申请书（二联）、利息清单（第一联）经客户签字确认后，按取款凭证配款。特殊业务凭证及利息清单上加盖"业务清讫章"。现金、身份证件交客户，挂失申请书（第二联）视同存折作特殊业务凭证附件由柜员留存。

模块 4 个人贷款业务柜台处理训练

零售信贷是指银行等金融机构的零售业务部门运用现代化的经营理念，依托高科技手段，向个人、家庭提供有针对性的专业化的信贷服务，又称个人消费信贷，一般不包括对个体工商户的贷款。个人消费信贷的比重占整个银行贷款的比重正在逐年提高，个人消费贷款业务正成为银行贷款新的发展趋势和新的利润增长点。

作为一名银行柜员，在进行日间业务处理时，也会常碰到一些零售信贷业务。如个人住房贷款、个人汽车消费贷款、国家助学贷款、个人综合消费贷款及个人大额耐用消费品贷款的发放、收回业务等。

本模块主要以个人住房贷款业务为例介绍个人消费贷款的发放和收回操作流程及操作要点。

单元 1　个人贷款发放业务操作

[训练目标]

通过本单元的练习，了解个人住房贷款业务贷款发放操作流程；掌握贷款发放柜台操作要点。

我急需在市内买套住房，可房价太高，经济上承担不起，怎么办？

有困难找银行啊！

个人住房贷款是指贷款人向借款人发放的用于购买自用普通住房的贷款。

贷款人发放个人住房贷款时，借款人必须提供担保。

借款人到期不能偿还贷款本息的，贷款人有权依法处理其抵押物或质物，或由保证人承担偿还本息的连带责任。个人住房贷款业务有关规定如表4-1所示。

表4-1 个人住房贷款业务有关规定

贷款对象	具有完全民事行为能力的自然人
申请条件	1. 具有城镇常住户口或有效居留身份 2. 有稳定的职业和收入，信用良好，有偿还贷款本息的能力 3. 具有购买住房的合同或协议 4. 不享受购房补贴的以不低于所购住房全部价款的30%作为购房的首期付款；享受购房补贴的以个人承担部分的30%作为购房的首期付款 5. 有贷款人认可的资产作为抵押或质押，或有足够代偿能力的单位或个人作为保证人 6. 贷款人规定的其他条件
贷款额度	贷款的最高额度为拟购住房房款的80%
贷款期限	贷款期限最长不超过30年，一般为10～25年
贷款偿还	偿还贷款本息的方式由借贷双方商定，并在借款合同中载明，贷款期限在1年以内（含1年）的，实行到期一次还本付息，利随本清；贷款期限在1年以上的，按月归还贷款本息

1. 个人住房贷款发放实训

案　例

客户琴锡练到银行办理个人住房贷款，贷款期限10年，贷款金额10万元。

客户资料　姓名：琴锡练；证件类型：身份证；证件号码：982202148114831543；国籍：中国；联系电话：35400390；地址：北京市顺义区爱国路28号；邮编：100099；凭证号码：11100001。

（1）信贷员接到客户交来的身份证、户口本、婚姻证明、购房契约、收入证明及填妥的贷款申请表。

（2）初审贷款申请人资料，符合申请资格的给予开具《审查通知单》。

（3）上级部门对贷款申请人的资信材料进行复审，复审合格后签订《个人住房贷款借款合同》，并进行系统登记，如图4-1所示。

```
                    贷款合同登记
货 币 号：人民币              序号：
自然人/法人：自然人           贷款方式：信用
证件类型：身份证              证件号码：982202148114831543
地区编号：
借款人： 琴锡练
逾期罚息率：                  挤占挪用罚息率：
合同类型： 个人住房贷款借款合同   合同金额：100000 元
合同登记有效到期日：           借款人联系电话： 35400390
常住地址：北京市顺义区爱国路 28 号


                    贷款合同登记
调查人员：                    第一责任人：
客户经理：                    审批人或咨询人：分行
是否银团贷款： 否
是否委托贷款： 否              协议书号：
是否转贷贷款： 否              担保人数： 1
录入的第  1  个担保人
担保人名称：
担保人证件类型：身份证         担保人证件号码：
担保人法人代表：
担保人常住地址：
担保人联系电话：
担保方式： 保证
担保金额：    0.00
```

图 4-1　贷款合同登记界面

（4）银行柜员进行个人住房贷款开户系统操作，如图 4-2 所示。

```
                    个人住房贷款开户
产品： 个人住房贷款
证件类别： 身份证              证件号码：982202148114831543
借款人： 琴锡练                地区编号：
合同号：                      合同金额 ：100000
合同登记有效到期日：           联系电话：35400390
常驻地址：北京市顺义区爱国路 28 号
贷款卡号：
调 查 人：                   审批/调查人：分行
借款人付息账/卡号： 006091029100010    序号：
借款期数： 120 月   利率浮动比率：      逾期罚息比率：
贷款用途： 住房贷款
约定还款日：                  还款方式： 等额本息
备  注：
```

图 4-2　个人住房贷款开户界面

> 提示：用客户身份证件号做客户贷款服务标识或个人客户第一次办理个人质押贷款时，柜员须先通过"客户信息登记"交易登记客户信息。

（5）银行柜员进行个人住房贷款发放系统操作，如图 4-3 所示。

```
                        个人住房贷款发放
贷款账号：
存款账号/卡号：006091029100010
序    号：
交易金额：100000
凭证种类：借款借据
凭证号码：
摘    要：转账
```

图 4-3　个人住房贷款发放界面

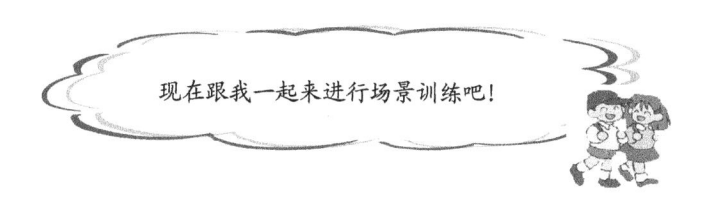

现在跟我一起来进行场景训练吧！

【业务】　个人住房贷款发放业务训练

模拟角色　柜员、客户刘力。

模拟业务　客户刘力于 2014 年 3 月 16 日到银行办理个人住房贷款，贷款期限 15 年，贷款金额 30 万元。

客户资料　用户名：刘力；证件类型：身份证；证件号码：782206719400831543；国籍：中国；联系电话：67400390；地址：北京市平谷区西大街路 14 号；邮编：100073；账号：0996068760000016；凭证号码：111009901。

实训报告　（1）填写《个人住房贷款借款合同》并进行系统登记，如图 4-4（a）和图 4-4（b）所示。

```
                    贷款合同登记
货 币 号：                序号：
自然人/法人：             贷款方式：
证件类型：                证件号码：
地区编号：
借款人：
逾期罚息率：              挤占挪用罚息率：
合同类型：                合同金额        元
合同登记有效到期日：      借款人联系电话：
常住地址：
```

(a)

```
                    贷款合同登记
调查人员：                第一责任人：
客户经理：                审批人或咨询人：分行
是否银团贷款：
是否委托贷款：            协议书号：
是否转贷贷款：            担保人数：
录入的第      个担保人
担保人名称：
担保人证件类型：          担保人证件号码：
担保人法人代表：
担保人常住地址：
担保人联系电话：
担保方式：
担保金额：    0.00
```

(b)

图 4-4　贷款合同登记界面

（2）进行个人住房贷款开户系统操作，如图 4-5 所示。

```
                    个人住房贷款开户
产品：
证件类别：                证件号码：
借款人：                  地区编号：
合同号：                  合同金额：
合同登记有效到期日：      联系电话：
常驻地址：
贷款卡号：
调 查 人：                审批/调查人：
借款人付息账/卡号：       序号：
借款期数：    月          利率浮动比率：    逾期罚息比率：
贷款用途：
约定还款日：              还款方式：
备  注：
```

图 4-5　个人住房贷款开户界面

（3）个人住房贷款发放系统操作，如图4-6所示。

```
                          个人住房贷款发放
  贷款账号：
  存款账号/卡号：
  序    号：
  交易金额：
  凭证种类：
  凭证号码：
  摘    要：
```

图4-6　个人住房贷款发放界面

单元2　个人贷款收回业务操作

[训练目标]

通过本单元的练习，了解个人住房贷款业务贷款收回操作流程；掌握贷款收回柜台操作要点。

对于个人住房贷款银行直接扣收贷款的，客户部门应在还款凭证上加盖部门公章和经办人章；客户主动还款的，需要提供银行卡、存折等支付凭证；客户提前还款的，必须经客户部门同意。下面以常见的客户主动还款为例进行介绍。

个人住房贷款收回实训

个人住房贷款还款手段：一般采用借款人在贷款行办理信用卡或储蓄卡，借贷双方签订委托代扣协议，借款人在规定期限内存入等于或高于还款额的金额，由贷款行按期代扣。

采用这种还款方法，可以使借款人不必往返银行还款。

案　例

客户琴锡练到银行归还个人住房贷款，本期还贷1 200元。

客户资料　姓名：琴锡练；证件类型：身份证；证件号码：982202148114831543；国籍：中国；联系电话：35400390；地址：北京市顺义区爱国路28号；邮编：100099；凭证号码：11100001。

（1）受理审核。

柜员接到个人还款凭证、现金或存折（银行卡）支付凭证等还款资料，应抽出原专夹保管的借款凭证第二联（债权凭证），重点审核以下内容：

① 个人还款凭证内容填写是否齐全、完整，借款人、贷款账号、借据号与原专夹保管的借款凭证是否一致。

② 现金方式还款的，应同时提交现金。

③ 以存折、银行卡还款的，账户上必须有足够的还款余额并符合支取规定。

（2）系统操作。

柜员审核无误后，进行个人住房贷款收回系统操作，如图4-7所示。套打个人贷款还款凭证，再打印个人贷款还款凭证第二、第三联。

```
                个人住房贷款收回
  货 币 号：人民币          贷款账号：
  提交交易：是
  贷款余额：                本期还款：1200元
  还款计划：本期还款         还款方式：转账
  借方账/卡号：006091029100010   序　　号：
  账户密码：  ******         单折号码：
  还 款 额：                违 约 金：
  凭证种类：收回贷款凭证     凭证号码：
  摘　　要：转账
```

图4-7　个人住房贷款收回界面

（3）盖章、递交客户。

柜员将个人贷款还款凭证第一、第三、第四、第五联加盖业务办讫章，第一联交客户作回单，第三联作柜员记账凭证，第二联加盖附件章作第三联附件，第四联交客户部门，第五联为委托人留存联，如为公积金贷款的，交公积金中心，非公积金贷款的作第三联附件。

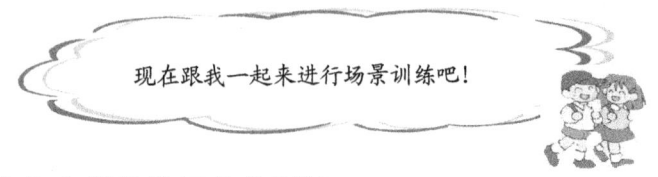

现在跟我一起来进行场景训练吧！

【业务】　个人住房贷款收回业务训练

模拟角色　柜员、客户刘力。

模拟业务　客户刘力到银行归还个人住房贷款，本期还贷2 000元。

客户资料　用户名：刘力；证件类型：身份证；证件号码：782206719400831543；
　　　　　国籍：中国；联系电话：67400390；地址：北京市平谷区西大街路14号；
　　　　　邮编：100073；账号：0996068760000016；凭证号码：111009901。

实训报告　进行个人住房按揭贷款收回系统操作，如图4-8所示。

```
                    个人住房按揭贷款收回
  货 币 号：              贷款账号：
  提交交易：
  贷款余额：              本期还款：       元
  还款计划：              还款方式：
  借方账/卡号：           序   号：
  账户密码： ******       单折号码：
  还 款 额：              违 约 金：
  凭证种类：              凭证号码：
  摘   要：
```

图4-8　个人住房按揭贷款收回界面

模块 5 对公存贷业务操作训练

作为一名临柜柜员，在一天的对公业务操作中，除了会遇到单位的各种存取款业务外，还会遇到单位贷款业务中的放贷、收贷、收息业务操作。

本模块主要介绍临柜柜员在日间操作中经常办理的业务——单位的各种存取款业务和贷款柜台业务的操作流程及操作要点，通过训练使学生能够熟练办理相关业务：

- 单位活期存款业务操作。
- 单位定期存款业务操作。
- 单位贷款业务柜台操作。

单元1 单位活期存款业务操作

[训练目标]

通过本单元的练习，了解单位活期存款开户、续存、支取、销户业务操作流程；掌握单位活期存款业务操作要点；学会办理单位活期存款业务。

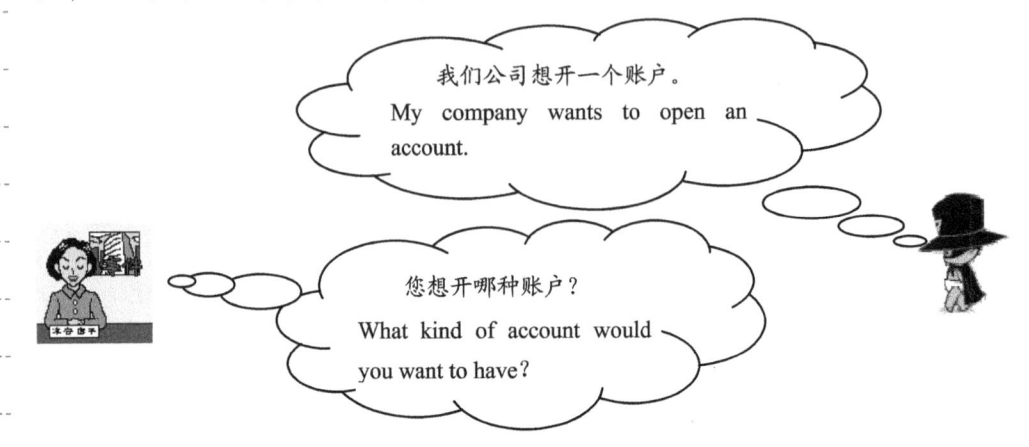

我们公司想开一个账户。
My company wants to open an account.

您想开哪种账户？
What kind of account would you want to have?

单位活期存款是一种随时可以存取，按日计息、按季结息的单位存款。单位的活期存款账户是指银行为单位存款人开立的用于办理现金存取、转账结算等资金收付活动的银行结算账户。

单位的银行结算账户根据管理要求不同，划分为基本存款账户、一般存款账户、临时存款账户和专用存款账户四种。各单位只有在银行开立了结算账户，才能办理现金存取、转账结算等资金收付活动。

知识拓展

> 基本存款账户是客户因办理日常转账结算和现金收付需要开立的银行结算账户。客户只能在银行开立一个基本存款账户，其他银行结算账户的开立必须以基本存款账户的开立为前提，必须凭基本存款账户开户许可证办理开户手续。临时机构和注册验资需要开立的临时存款账户除外。
>
> 一般存款账户是客户因借款或其他结算需要，在基本存款账户开户银行以外的银行营业机构开立的银行结算账户。
>
> 临时存款账户是客户因临时需要并在规定期限内使用而开立的银行结算账户。其最长有效期限为两年。
>
> 专用存款账户是客户按照法律、行政法规和规章，对其特定用途资金进行专项管理和使用而开立的银行结算账户。

单位银行结算账户的开户一般都是从其他账户转入的，但必须在正式开立之日起3个工作日后，经过人民银行的核准后，才能正式生效，生效后方可办理对外支付，但由注册验资的临时存款账户转为基本存款账户、借款转存的一般存款账户除外。

提示 在账户正式生效前，开户行不得向单位客户出售重要空白凭证。

单位活期存款业务主要有开户、续存、支取、转存销户。

1. 单位活期存款开户实训

单位客户申请开立银行结算账户，必须根据《人民币银行结算账户管理办法》的规定，向开户银行提供完整、合规的证明文件，并对其出具的开户申请资料实质内容的真实性负责。

由外勤人员对客户经营场所进行实地调查并出具调查报告，会计主管或授权人对开户申请资料的完整性、合规性审核无误后，（进行身份核查）在复印件上加盖"与原件核对一致"章，与客户签订银行结算账户管理协议，确定预留印鉴，并与网点签订对账协议，由网点负责人在开户申请书上批注开户意见，会计主管或授权人确定使用科目号，再交柜员进行开户处理。

本单元主要以柜员为单位客户办理活期基本户开户为例进行介绍。

现在跟我一起来学习单位活期存款基本户开户业务操作流程吧!

案 例

北京信息技术有限公司要求新开基本户,存入现金 1 000 000 元。而后出售现金支票、转账支票各一本(25 张),号码均为 80003901~80003925。该公司为有限责任公司,行业类型为工业企业,提交营业执照号码为 100110。公司地址为北京市达龙大厦。

(1)审核凭证。

单位存款人申请开户,必须填写"开立单位银行结算账户申请书",并提供有关规定的证明文件,送交盖有存款人印章的印签卡片,如图 5-1 所示。

申 请 开 户 单 位 预 留 银 行 印 鉴	单 位 公 章

该卡为厚纸,尺寸 16.5 厘米×厘米,黑色印油。

图 5-1　印签卡片

知识拓展

预留印鉴的管理规定

① 单位预留印鉴不得使用原子印章(万次印)。对坚持使用原子印章(万次印)的,应与其签订协议,明确因使用原子印章产生的一切后果由单位自行承担。

② 预留印鉴卡片经审核符合有关规定并加盖经办(受理申请人)、主管印章后方为有效。

③ 无字号的个体工商户的预留印鉴必须包括"个体户"字样和其经营者姓名。

④ 单位银行结算账户名称使用规范化简称的,其预留印鉴必须与账户名称保持一致。

⑤ 新印章于挂失次日后启用,但单位客户必须在公函中注明由此引起的一切损失由单位客户自行负责。

⑥ 严禁银行内部员工代理客户办理预留印鉴的变更、挂失和保管。

开户行审核符合开户条件的单位客户填写的《开立单位银行结算账户申请书》(须加盖公章和法人代表签章)无误后,由业务主管签署相关意见,并加盖业务公章,连同客户提交的证明文件报所属支行审批。

对于开户时客户提交的证明、证件,开户网点应留存复印件,随开立银行结算账户申请书一并作为重要会计档案保管,保管期限为银行结算账户撤销后 10 年。

提示:专户开立必须做到受理、审核、操作三分离。

(2)建立客户信息。

柜员根据主管审批同意的"开立单位银行结算账户申请书",在客户管理子系统中使用"新开客户"交易为其建立客户信息档案,建立客户号,如图 5-2 所示。

图 5-2 新开客户界面

> **提示**
> 在新开客户时系统自动检索相关信息，企事业单位检索的依据是单位全称，个人户检索的依据是身份证号码。如果检索到信息，则自动显示原有客户号，并拒绝继续新开客户。否则系统根据输入的信息登记新开客户登记簿，本业务不涉及账务处理。

（3）预开账户。

对于已经在银行开有客户号的客户，要进行存款业务，必须先预开一个账户，如图 5-3 所示。预开账户不涉及金额，但要确定该账户为支票户还是存折户。

```
● 开存款账户
  企业客户信息
  客 户 号: 5070800019        客户名称: 北京信息技术有限公司
  企业性质: 006 (有限责任)     注 册 地:
  状    态: 正常              注册资金: 0.00

  客 户 号: 5070800019
  账户类别: 201 (工业存款)
  分 析 码: 111
  货    币: 10 (人民币)        是否计息: 1 (计息)
  存    期: 000                自动转存: 0 (非自动转存)
  通存通兑: 1 (通存通兑)        账户标志: 0 (基本户)

        ☆ 执行(O)
```

图 5-3　新开账户界面

> **知识拓展**
> 单位活期存款按照存取方式不同，分为支票户和存折户。支票户是单位在银行开立的凭支票等结算凭证办理存取款项的账户。存折户是单位在银行开立的使用存折办理存取款项的账户。

（4）账户激活。

账户开立最后的一步，是账户的实际开立，即新开户资金的存入。激活已预开的基本存款账户，一般由验资账户结转资金完成，如图 5-4 所示。

图 5-4　账户激活界面

> 提示：账户的实际启用日期必须执行人民银行规定的账户生效日制度。人行批准 3 日后，才能对外进行支付，首笔应转账存入。三分离。

（5）支票出售。

在账户正式生效后，若属支票户，开户行还要向单位客户出售现金支票、转账支票等重要空白凭证，如图 5-5 所示。

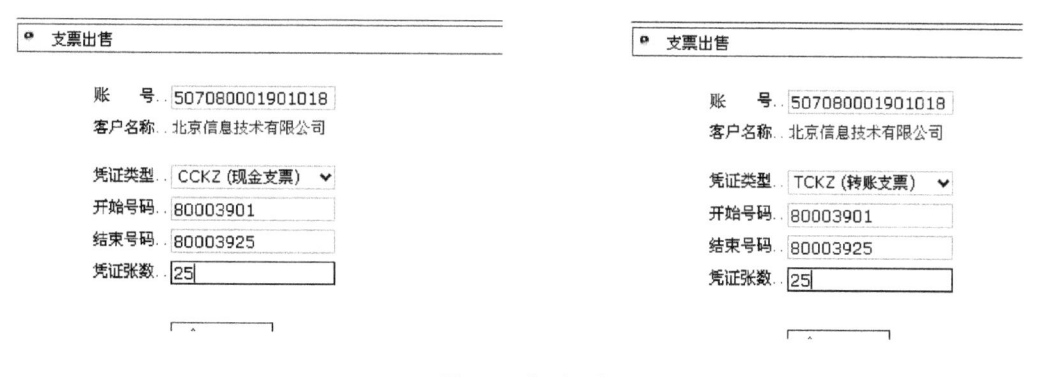

图 5-5　支票出售

> 提示：在出售之前，柜员需先进行支票领用。

（6）开户后续处理。

柜员开户成功后，将印鉴卡、加盖业务办讫章的账户开户通知书（客户留存联）、客户回单等资料交客户。

进入人行账户管理系统，按开户申请书录入账户基本信息（核准类账户的，还需将开户申请书、开户资料原件及复印件等交指定人员送人行审批)。

网点收到经人行核准后返还的开户资料和开户许可证,会计主管应及时督促相关柜员进行开户维护并及时上报预留印鉴,建立电子印鉴库。

柜员通知客户领取开户申请书回单和开户许可证正本。开户许可证副本,开户申请书、营业执照、组织机构代码证、税务登记证复印件等开户资料由档案管理员进行专夹保管。客户预留印鉴卡片按规定保管,作日常印鉴核对用,使用支付密码的要在支付密码器中加载账号。

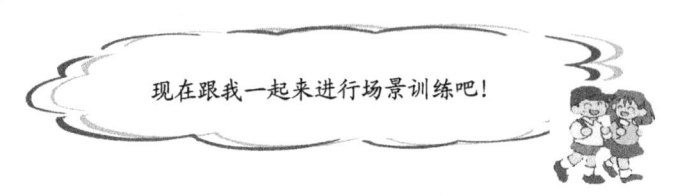

> 现在跟我一起来进行场景训练吧!

●【业务1】单位活期开户业务训练

模拟角色 柜员、客户北京利达生物有限公司。

模拟业务 北京利达生物有限公司要求新开客户号,在其基本户中存入资金500 000元,而后出售现金支票、转账支票各一本,号码均为80003926~80003950。

客户资料 该公司为有限责任公司,行业类别为工业企业,提交营业执照号码为300221。公司地址为北京市华龙科贸大厦。

实训报告 (1)将新开客户界面(见图5-6)填写完整。

```
开对公客户
企业性质 001(全民所有制)     行业类别 01(工业)
客户名称
证件类别 G(营业执照)         证件号码
地    址

主管机构                     企业代码
贷款证号                     开户证号
隶属集团
注 册 地                     注册年限 0
注 册 号                     注册资金
注册日期                     邮政编码
联 系 人                     联系电话
法人代表                     法人身份证
法人代码                     法人电话

            ☆执行(O)
```

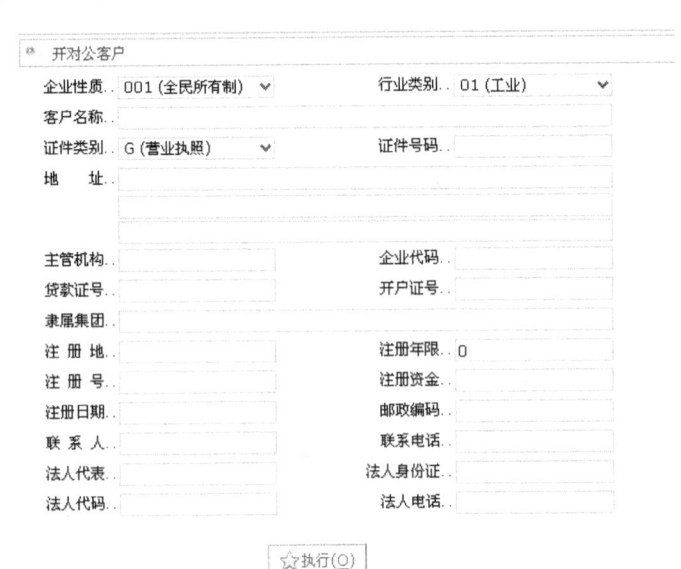

图5-6 新开客户界面

(2)将新开账户界面(见图5-7)填写完整。

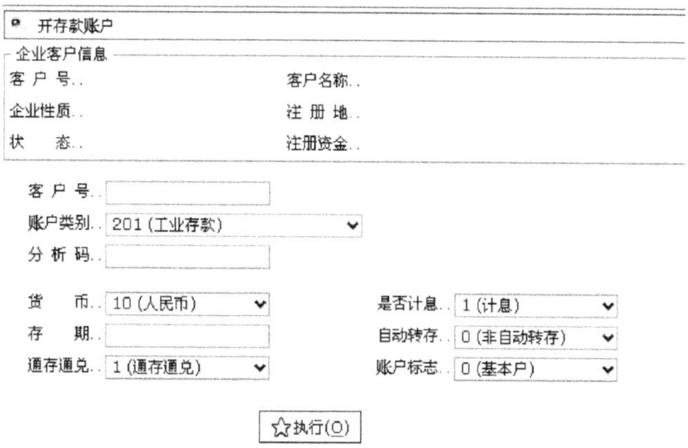

图 5-7　新开账户界面

（3）将激活界面（见图 5-8）填写完整。

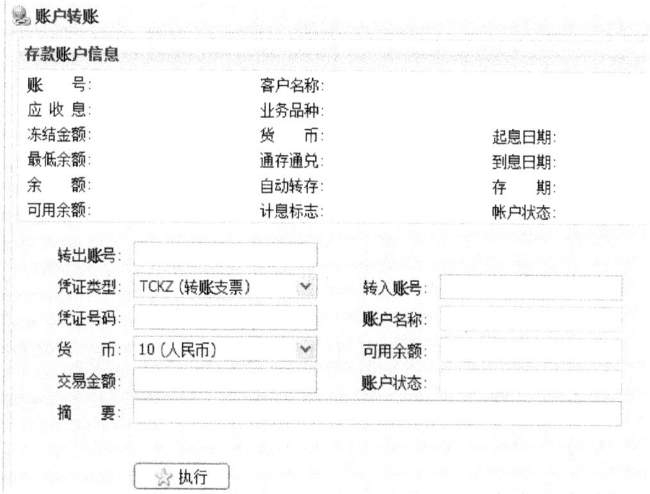

图 5-8　账户激活界面

（4）将支票出售界面（见图 5-9）填写完整。

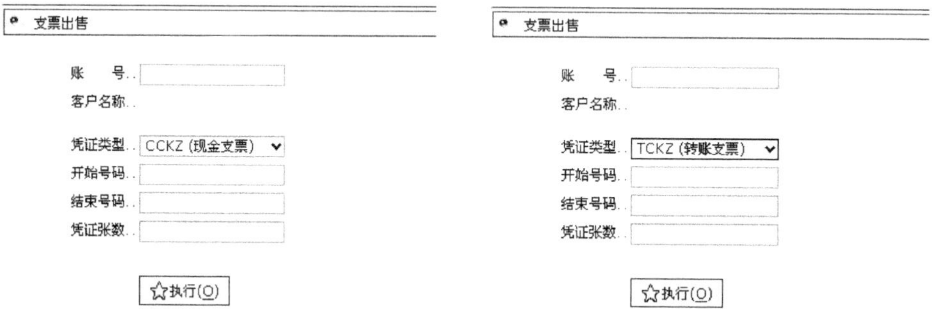

图 5-9　支票出售界面

2. 单位活期存款现金续存实训

对于已经开立存款账户的客户，可在其账户上进行常规的现金存取款、转账及其他操作。现以单位活期存款的现金续存（上门收款）业务为例进行介绍。

> **知识拓展**
>
> 　　为了更好地为客户服务，银行为一些资金量大的单位提供上门收款业务。在提供上门收款业务时，柜员要有上门收款服务证、"受理凭证专用章"、《上门收款、收单登记簿》、上一收款日上门收款的现金存款凭证回单联、上门收款箱等，实行IC卡上门收款，携带操作卡和上门收款机。
> 　　其中，服务证为上门收款人员的身份证明，由网点业务主管统一保管，每日用后收回，并办理交接手续。操作卡是实行IC卡上门收款时必带的物品，管理卡逐级核发，操作卡每次授权使用

案　例

北京信息技术有限公司要求银行上门收款现金100万元。

（1）逐笔审查凭证。

办理上门现金收款业务时必须出示双方共同协商认定的有效的专用证件，双方确认核对无误后方可办理现金收款业务。

上门收款人员审查存款凭条日期、户名、账号、大小写金额、券别明细、款项来源等要素填写是否齐全、有无涂改，大小写金额是否相符。凭条要素缺漏或填写有误，应请客户当场补填或重新填写。

（2）收款操作。

清点现金。同现金收款操作。

（3）登记《现金收款、收单登记簿》。

款项清点无误，逐笔登记《上门收款、收单登记簿》，并在登记簿上签章确认。

使用IC卡上门收款，边收款边录入信息，每笔录入无误后须经客户确认。

（4）凭证处理。

柜员在现金存款凭条上加盖"受理凭证专用章"，个人名章，第一联退还客户，第二联由上门收款人员带回，作为记账依据。

（5）汇兑核对。

上门收款全部结束，须进行汇兑核对，包括清点现金实物、加计《上门收款、收单登记簿》金额、核打现金存款凭条，做到现金实物、《上门收款、收单登记簿》现金存款凭条核对相符。

使用IC卡上门收款的，还应与录入信息核对相符。

（6）与客户交接。

上门收款结束，须与客户核对上门收款笔数、金额，无误后由客户在上门收款登记簿上签章确认。现金存款凭证回单按上门收款协议要求及时送交客户，并交接确认。

> **提示**　办理上门现金收款业务实行"封箱加锁、整体交接"的方式进行。对客户需交存的现金由客户当面数捆、卡把、清点细数，上门服务人员与客户填制的现金存款凭证相互核对。核对相符后由客户将全部现金实物和现金存款凭证一并装入专用箱内与上门服务人员共同分别加锁后，双方在《上门服务业务交接登记簿》上进行详细登记，办理交接手续后，由银行上门服务人员将专用箱带回。

（7）回行交接记账。

上门收款回行后，须与收款柜员办理交接手续，款项应当天记入客户账（协议明确的可次日入账），其他操作同现金收款。并做到现金实物、《上门收款、收单登记簿》、现金存款凭条、现金存款凭证核对相符。

实行IC卡上门收款，还应核对IC卡录入信息。

> **提示**　接箱柜员的操作必须在有效监控范围内进行。第一，查验专用箱是否完整、有无破损，检查无误后与上门服务人员共同开锁启封进行清点。第二，数捆、卡把、清点细数并与客户填制的现金存款凭证金额核对是否相符，核对无误后，接箱柜员逐一清点细数。第三，待全部现金清点收妥后在现金存款凭证上加盖现讫章和柜员名章将回单联退交给上门服务人员并办理好交接登记手续。

3. 单位活期存款现金支取业务实训

如前所述，单位活期存款按照存取方式不同，分为支票户和存折户。支票户是单位在银行开立的凭支票等结算凭证办理存取款项的账户。存折户是单位在银行开立的使用存折办理存取款项的账户。因此，当存款单位进行现金支取时，支票户需签发支票，存折户需出示存折。

> 现在跟我一起来学习单位活期存款现金支取业务操作流程吧！

案例

北京信息技术有限公司持金额为50 000元的现金支票，要求支取现金。

(1) 审查凭证。

存款单位向开户银行支取现金时，应签发现金支票，并在支票上加盖预留印鉴和押数章，由取款人背书后送交银行。

柜员受理客户提交的现金支票后，应认真审核出票日期、大小写金额、收款人名称、单位签章或支付密码等凭证要素是否齐全、准确。

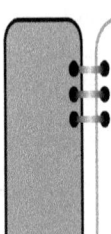

> ① 大额现金支取是否已经有权人或部门审批。
> ② 支票是否真实，是否超过提示付款期限，是否为远期支票。
> ③ 出票人签章是否符合规定，并折角核对其印章与预留银行的印鉴是否相符，使用支付密码的，其密码是否正确。
> ④ 支票的大小写金额是否一致。
> ⑤ 支票必须记载的事项是否齐全，填写是否符合规范，出票日期、出票金额、收款人名称是否更改。
> ⑥ 支票填明的收款人名称是否为该收款人，收款人是否在支票背面"收款人签章"处签章，其签章是否与收款人名称一致；对收款人为个人的现金支票，是否审核收款人身份证件，是否在支票背面注明证件名称、发证机关、证件号码。
> ⑦ 支票的提示付款期自出票日起 10 日，中间遇节假日不顺延，到期日遇节假日可顺延。

(2) 进行系统操作。

柜员审核无误后，柜员通过输入单位活期存款现金支取交易代码，进入单位活期存款现金支取交易界面，如图 5-10 所示。

图 5-10 单位活期存款现金支取交易界面

(3) 配款。

根据凭证金额按照从大到小的顺序逐位配款，并依次按实物券别录入，无误后方可对外支付，当面付清、一笔一清。

(4) 打印信息并付款。

配款操作无误后，在现金支票的背面打印取款信息，款项付清后，在现金支票上加盖业务清讫章。

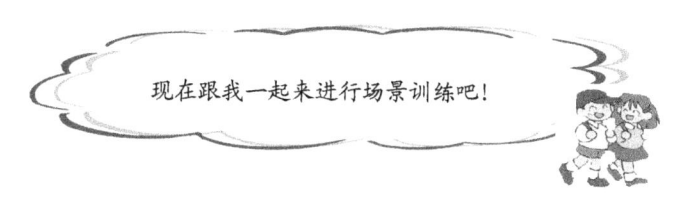

> 现在跟我一起来进行场景训练吧！

【业务2】 单位活期现金支取业务训练

模拟角色　　柜员、客户北京利达生物有限公司。
模拟业务　　北京利达生物有限公司持金额为 10 000 元的现金支票，要求支取现金。
客户资料　　如本单元业务 1。
实训报告　　将"现金支取"界面填写完整，如图 5-11 所示。

图 5-11　现金支取界面

4．单位活期存款转账业务实训

单位活期存款的转账业务按转账收、付款单位开户行不同，一般可分为收、付款单位均在同一行处开户的转账；收、付款单位一方在计算机联网通存通兑的不同行处开户的转账；收、付款单位一方在计算机联网以外的行处开户的转账三种类型。

收、付款单位在同一行处开户的转账和收、付款单位在同一银行计算机系统内不同网点开户的转账，柜面处理流程相同。收、付款单位一方在计算机联网以外的同城行处开户的转账需要通过同城交换处理。现以收、付款单位在同一行处开户的转账为例介绍单位活期存款转账业务。

> 现在跟我一起来学习单位活期存款转账业务操作流程吧!

案 例

北京信息技术有限公司持北京利达生物有限公司开出的金额为 25 000 元的转账支票,要求转账存入基本户。

(1) 审查凭证。

柜员受理客户提交的转账支票和进账单,认真审查原始支款凭证的出票日期、大小写金额、收款人名称、单位签章和支付密码是否正确,进账单内容是否与原始支款凭证是否一致。

> **提示**: 这是收款人和付款人在同一所开户的情况,在本营业机构开立的同币种两个账户之间的款项需要划转的,属于本所柜面账户间转账业务,只需提交转账支票等原始支款凭证和进账单即可办理相关转账。

(2) 进行系统操作。

柜员审核无误后,通过输入单位活期存款转账业务交易代码,进入单位活期存款转账业务交易界面,如图 5-12 所示。

```
● 账户转账
┌─ 存款账户信息 ──────────────────────────────────┐
│ 账    号 . 507080002701018   客户名称 . 北京利达生物有限公司         │
│ 应 收 息 . 0.00              业务品种 . 201 (工业存款)             │
│ 冻结金额 . 0.00              通存通兑 . 通存通兑    起 息 日 . 2014-06-21 │
│ 最低余额 . 0.00              自动转存 . 0 (非自动转存)  凭证号码 .      │
│ 余    额 . 490000.00         账户状态 . 1 正常      是否计息 . 计息     │
│ 可用余额 . 490000.00         货    币 . 10 (人民币)  存    期 . 000    │
└──────────────────────────────────────────────┘

转出账号 . 507080002701018
凭证类型 . TCKZ (转账支票)          转入账号 . 507080001901018
支票号码 . 80003926                 账户名称 . 北京信息技术有限公司
交 易 码 . TR (转账)                可用余额 . 950000.00
货    币 . 10 (人民币)              账户状态 . 1 正常
金    额 . 25000                    摘    要 .

                    ☆ 执行(O)
```

图 5-12 单位活期存款转账业务交易界面

(3)打印盖章。

系统操作完毕后,在进账单背面打印记账信息。记账后在全部进账单和支票上加盖"业务清讫章"和经办柜员个人名章,转账支票作为借方凭证,第二联进账单作为贷方凭证。

若持票人送交,则将进账单第一联收账通知交给持票人;若出票人送交,则将进账单第一联交出票人作为受理支票的依据,第三联作收账通知交给收款人。

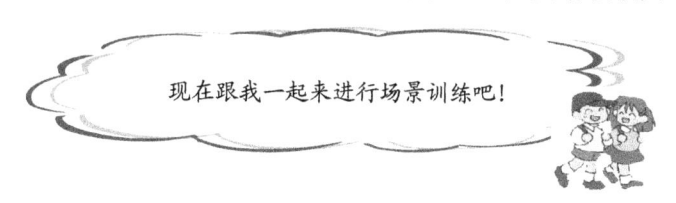

现在跟我一起来进行场景训练吧!

【业务3】 单位活期转账业务训练

模拟角色　柜员、客户北京利达生物有限公司。
模拟业务　北京利达生物有限公司持金额为 30 000 元的转账支票,要求转账存入北京信息技术有限公司基本户。
客户资料　如本单元业务1。
实训报告　将转账业务界面填写完整,如图 5-13 所示。

图 5-13　转账业务界面

5. 单位活期存款销户业务实训

单位客户发生下列情况时,即进行销户业务操作:
(1)单位客户主动撤销;
(2)开户行得知单位客户因被撤并、解散、宣告破产或关闭以及被注销、吊销营业执照,通知单位客户办理销户手续;
(3)开户行对一年(按对月对日计算)未发生资金收付活动(计息入账除外)且未欠

开户行债务的单位银行结算账户，定期进行清理，并通知单位客户办理销户手续。进行销户的账户，必须是已经结清且余额为零的一般活期存款或余额为零的临时存款账户，即账户结清后必须将余额转出。进行销户后，该账户剩余支票将全部核销，并关闭账户。

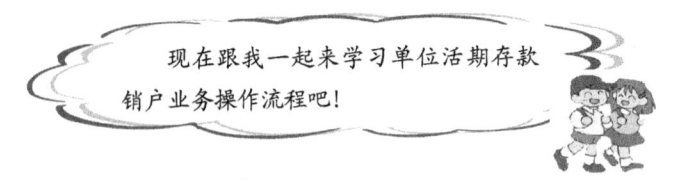

> 现在跟我一起来学习单位活期存款销户业务操作流程吧！

① 审查凭证。

单位客户主动撤销银行结算账户的，须填写《银行撤销单位银行结算账户申请书》，注明销户原因。

审核后，要求单位客户填制"客户交回未用空白重要凭证清单"、交回所有未用空白重要凭证，并对交回凭证当面切角或打洞作废。

提示：如有未退回的未用空白重要凭证，单位客户必须向开户行提交正式公函，声明由此引起的一切损失由单位客户自行负责，并在声明中注明未退凭证种类及号码。

② 结清账户。

销户前，开户行要确认该账户是否有未归还的记账费用，是否有未归还的贷款、欠息，是否有浮动余额，是否有银行已承兑的银行承兑汇票和应承付的托收承付凭证。如有上述情况之一，不能办理销户手续。

开户行在确认该账户没有其他遗留问题后，结清该账户的余额和往来利息，如图5-14 所示。

图 5-14　结清账户

③ 销户。

开户行确认该账户无余额、无积数、无欠息、无欠费后，填制两联"调整账户信息通知书"，交业务主管审批后，凭此办理销户，如图5-15所示。

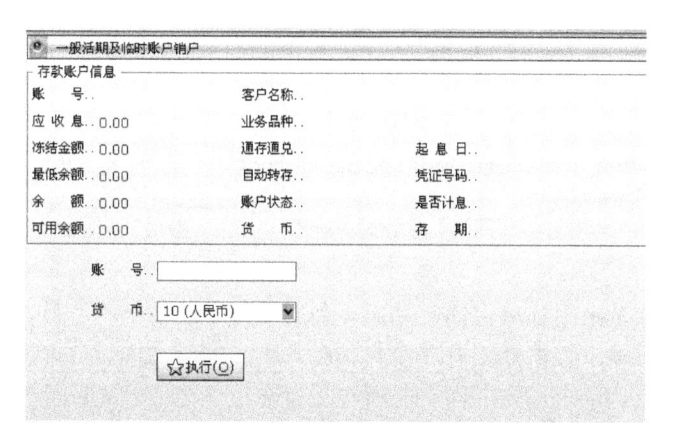

图 5-15　销户界面

知识拓展

对开户行得知单位客户因被撤并、解散、宣告破产或关闭，以及被注销、吊销营业执照，应通知单位客户办理销户手续；自通知发出之日起30天后，如单位客户仍未办理销户手续，开户行有权停止该账户的对外支付。

开户行对一年（按对月对日计算）未发生资金收付活动（计息入账除外）且未欠开户行债务的单位银行结算账户，应定期进行清理，并通知单位客户办理销户手续。自通知发出之日起30天内未办理销户手续的，开户行可视该单位客户为自愿销户。

单元2　单位定期存款业务操作

[训练目标]

通过本单元的练习，了解单位定期存款业务操作流程；掌握单位定期存款操作要点；学会办理单位定期存款业务。

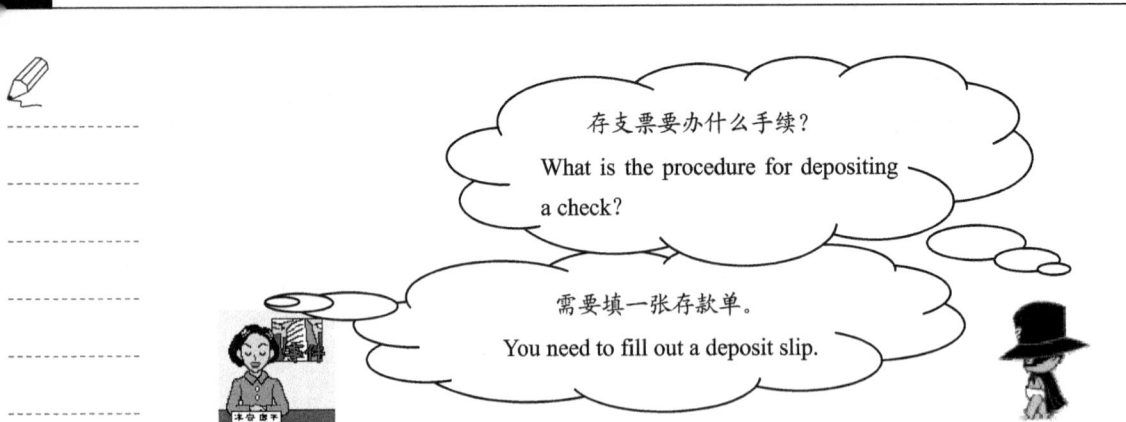

存支票要办什么手续?
What is the procedure for depositing a check?

需要填一张存款单。
You need to fill out a deposit slip.

单位定期存款是由存款单位约定期限,到期支付本息的一种存款。单位定期存款 1 万元起存,多存不限。存款期限有 3 个月、6 个月、1 年、2 年、3 年和 5 年。

> **提示** 如果单笔金额超过 1 000 万元（含 1 000 万元）或同一存款单位累计超过 2 000 万元（含 2 000 万元）时,经办银行应实行报告制度,逐级报上级行和当地人民银行。

单位定期存款主要业务有开户、部分提支、销户,下面就和我一起一一进行学习。

1. 单位定期存款转账开户实训

企事业单位、机关、团体、学校的闲置自由资金,地方财政结余款项等,可按银行规定办理定期存款。但不得将贷款、财政拨款和预算内资金转作定期存款。

单位定期存款一般采用从其基本账户直接转账存入。

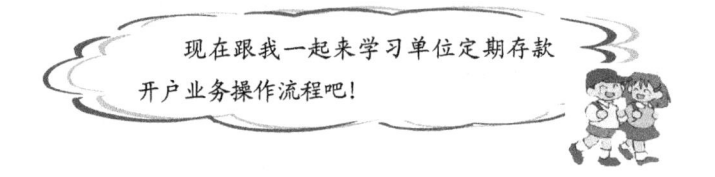

现在跟我一起来学习单位定期存款开户业务操作流程吧!

案 例

北京信息技术有限公司持金额为 500 000 元的转账支票,要求存成 1 年期定期存款。

（1）查询客户信息。

使用"查询单位客户"交易查询是否存在该客户信息。如果没有该客户信息,柜员应根据企业填写的客户基本情况表,使用"单位客户基本信息"交易建立客户基本信息,并产生客户编号,如图 5-16 所示。

（2）审查开户申请书。

存款单位开立定期存款户应在拟开户行领取开户申请书,如实填写各栏次内容,并提交工商行政管理机关核发的企业法人执照或营业执照正本。

图 5-16 公司客户查询界面

（3）办理预留银行印鉴手续。

印鉴应包括单位财务专用章，单位法定代表人章或主要负责人印章和财会人员章。

单位在同一营业机构存入多笔定期存款的，经与经办行签订协议，可多个定期存款账户共用一套预留银行印鉴，并在预留印鉴上注明所有定期存款账户的账号。

（4）预开单位定期存款账户。

根据企业交来的申请书、企业法人执照或营业执照正本，使用"账户开户"交易，为客户开立单位定期存款账户，并登记《开销户登记簿》，如图 5-17 所示。

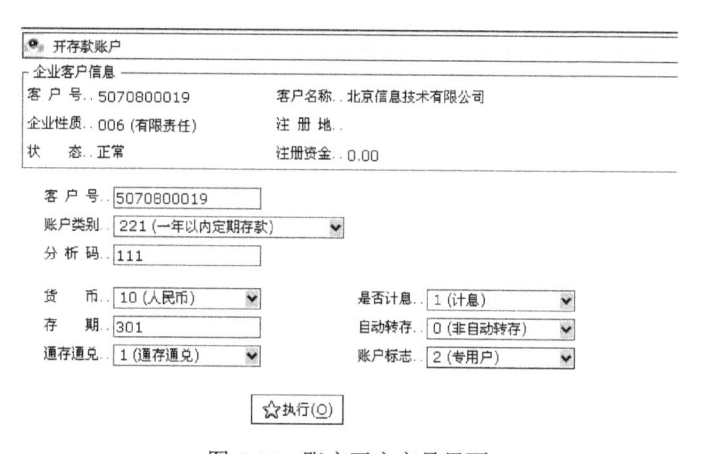

图 5-17 账户开户交易界面

（5）审查单位定期存款缴款凭证。

存款单位填写单位定期存款缴款凭证一式两联，柜员审查凭证内容、联次是否完整齐全，账号、户名、大小写金额是否相符。

（6）激活账户。

审查清点款项无误后，柜员通过输入单位定期存款转账存款交易代码，进入单位定期存款转账存款交易界面，如图 5-18 所示。

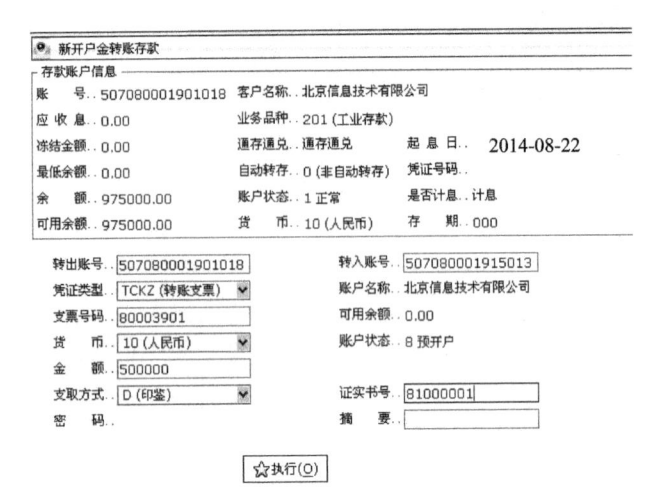

图 5-18　单位定期存款转账存款交易界面

（7）打印单位定期存款开户证实书。

打印单位定期存款开户证实书一式两联，如图 5-19 所示，第一联作为回单联与签章后的缴款凭证退存款人，第二联作为银行留底卡加以保管。单位定期存款缴款凭证第二联作为收款的记账凭证。

图 5-19　单位定期存款开户证实书

单位定期存款开户证实书作为银行重要空白凭证管理，仅对存款单位开户证实用，不能作为质押的权利凭证，单位如需办理质押贷款，可向开户银行申请开具单位定期存款存单，如图 5-20 所示。

模块5　对公存贷业务操作训练

图5-20　单位定期存款存单

> **提示**　单位定期存款开户证实书遗失后可办理挂失，开户行受理挂失7日后，可补办证实书。

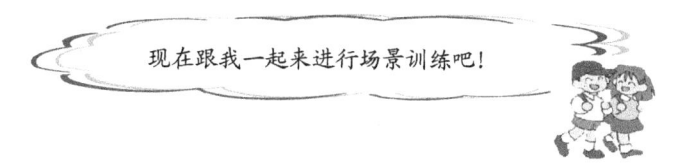

现在跟我一起来进行场景训练吧！

【业务1】 单位定期存款开户业务训练

模拟角色　柜员、客户北京利达生物有限公司。

模拟业务　北京利达生物有限公司持金额为50 000元的转账支票，要求转账存为3个月期定期存款。

客户资料　如本模块单元1中的业务1。

实训报告　（1）将公司客户查询界面填写完整，如图5-21所示。

（2）将开存款账户界面填写完整，如图5-22所示。

（3）将新开户金转账存款界面填写完整，如图5-23所示。

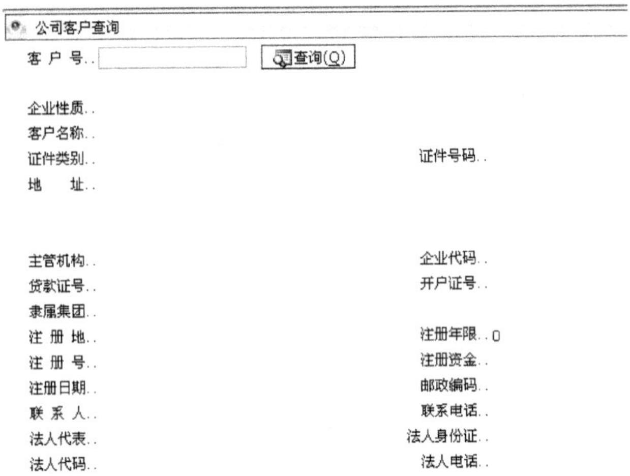

图 5-21　公司客户查询界面

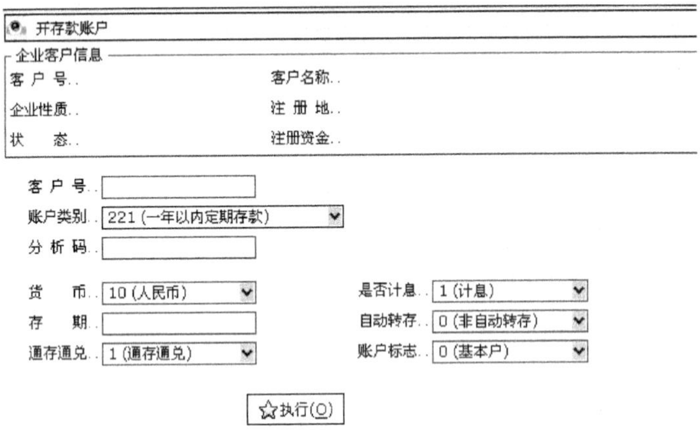

图 5-22　开存款账户界面

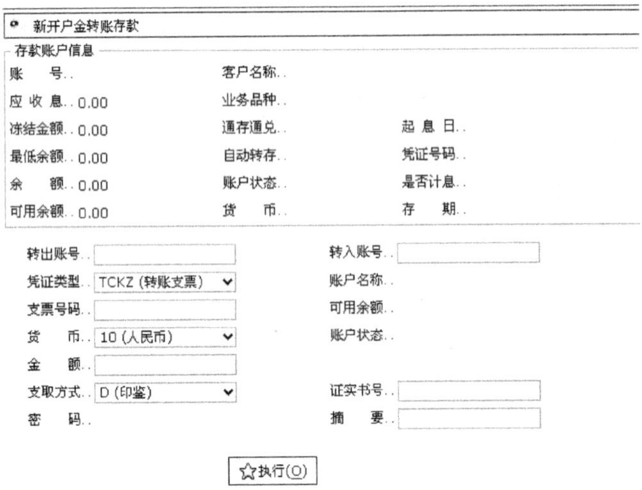

图 5-23　新开户金转账存款界面

（4）将单位定期存款证实书填写完整，如图 5-24 所示。

商业银行
单位定期存款开户证实书
CONFIRMATION OF CORPORTE FIXED DEPOSIT ACCOUNT

号码NO．

户　名 PECEIVEDFROM		账　号 ACCOUNT NO
金额（大写） THE SUN OF		小 写 金 额 IN FIGURES
起 息 日 期 VALUE DATE	到息日期 REPAYABLE	期　限 FOR A PERIOD OF
利　率 INT. RATE	开户银行名称 ACCOUNTOPENING BANK	
	有效签章 AUTHORIZED SIGNATURES	

备 注：本证实书仅对存款人开户证实，不得作为质押的权力凭证。
REMARKS THIS CONFIRMATION ONLY SERVES AS EVIDENCE OF THE DEPOSITOR'S ACCOUNT, AND SHALL NOT BE USED AS DOCUMENT OF TITLE PLEDGE.

经办　　　复核　　　记账　　　事后监督

此联作为单位定期存款凭证。
该凭证一式两联，尺寸18厘米×14.5厘米。第一联为专用水印纸黑色印油，第二联为白纸黑色印油。

图 5-24　单位定期存款开户证实书

2．单位定期存款部分提支业务实训

单位定期存款可以全部或部分提前支取，但只能提前支取一次，并且存款单位支取定期存款只能以转账方式将存款转入其基本存款账户，不得将定期存款用于结算或从定期存款账户中提取现金，因而定期存款支取时只能转入其基本存款账户。

> 现在跟我一起来学习单位定期存款部分提支业务操作流程吧！

案　例

北京信息技术有限公司要求将其未到期1年期定期存款部分提支 100 000 元。
（1）柜员审核凭证。
存款单位按支取的金额和利息合计金额填写单位定期存款支取凭证一式三联，注明"部分提前支取"字样，并加盖预留印鉴。

知识拓展

单位定期存款计息规定：
① 存款到期按存款存入日挂牌公告的定期存款利率计付利息，期间遇利率调整不分段计息，不计复利，到期日为节假日可在节假日前一天支取扣除相应提前天数的利息，节假日后支取按过期支取办法办理。

> ② 提前支取部分按支取日挂牌公告的活期存款利率计付利息。
> ③ 单位定期存款到期不取，逾期部分按支取日挂牌公告的活期存款利率计付利息，不计复利。

(2) 系统操作。

柜员通过输入单位定期存款部分提前支取交易代码，进入部分提取转账界面，如图5-25 所示。

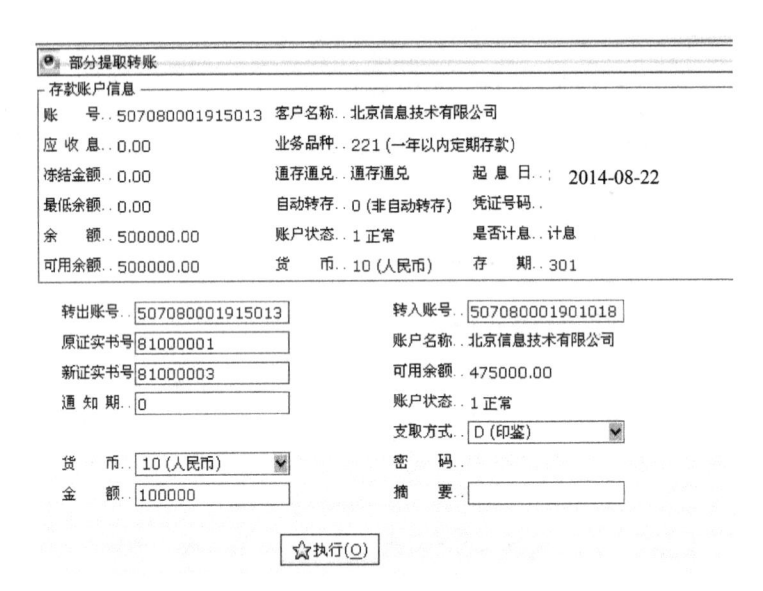

图 5-25　部分提取转账界面

(3) 打印新的单位定期存款开户证实书。

打印新的单位定期存款开户证实书一式两联，如图 5-26 所示，第一联作回单联与签章后的缴款凭证退存款人，第二联作银行留底卡加以保管。

图 5-26　单位定期存款开户证实书

单位定期存款支取凭证借方传票联作为付款的记账凭证,贷方传票联作为收款的记账凭证,回单联签章后与利息清单一并退存款单位;原证实书收回,两联证实书注明"注销"字样,一并作为借方传票附件。

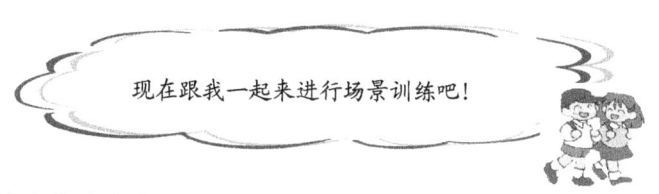

现在跟我一起来进行场景训练吧!

● 【业务 2】 单位定期存款部分提前支取业务训练

模拟角色　柜员、客户北京利达生物有限公司。

模拟业务　北京利达生物有限公司要求将其未到期 3 个月期定期存款部分提支 20 000 元。

客户资料　如本单元业务 1。

实训报告　(1) 将部分提取转账界面填写完整,如图 5-27 所示。

图 5-27　部分提取转账界面

(2) 将单位定期存款开户证实书填写完整,如图 5-28 所示。

图 5-28　单位定期存款开户证实书

3. 单位定期存款到期销户业务实训

单位定期存款账户要进行销户，必须先将账户金额全部提出，账户无余额、无积数后方能办理。

存款单位支取定期存款只能以转账方式将存款转入其基本存款账户，不得将定期存款用于结算或从定期存款账户中提取现金，因而定期存款到期只能转入其基本存款账户。

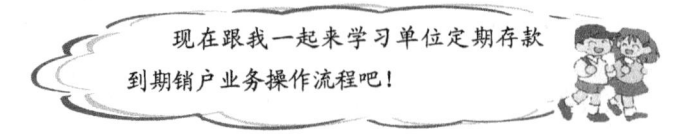

> 现在跟我一起来学习单位定期存款到期销户业务操作流程吧！

案　例

北京信息技术有限公司要求将其到期的 1 年期定期存款进行转账支取。

（1）柜员审核凭证。

存款单位填写单位定期存款支取凭证一式三联，第二联加盖预留印鉴，并持单位定期存款开户证实书办理支取。

柜员审核证实书确属本行签发、内容齐全、无涂改、存款已到期，凭证填写正确、金额相符，并审核加盖的印鉴是否与预留印鉴一致。

（2）计算利息。

银行审查无误后，按规定利率计算利息，开具利息清单。

> **提示**：可先使用查询单位定期存款利息交易查明存单本金及利息。

（3）办理转账销户业务。

计息后，柜员通过输入个人定期存款转账取款销户交易代码，进入销户转账界面，使用取款销户交易进行转账处理，如图 5-29 所示。

图 5-29　销户转账界面

单位定期存款支取凭证借方传票作为付款的记账凭证,贷方传票作为收款的记账凭证,回单联(见图 5-30)签章后与利息清单一并退存款单位;证实书收回,两联证实书注明"注销"字样,一并作借方传票附件。

图 5-30　单位定期存款销户回单

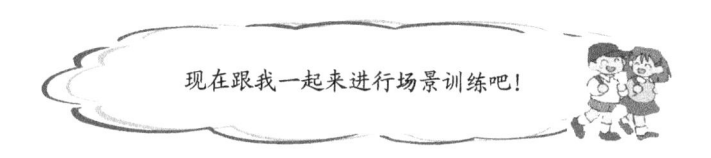

【业务3】　单位定期存款到期销户业务训练

模拟角色　柜员、客户北京利达生物有限公司。

模拟业务　北京利达生物有限公司要求将其到期 3 个月期定期存款进行转账支取销户。

客户资料　如本单元业务 2。

实训报告　将销户转账界面填写完整,如图 5-31 所示。

图 5-31　销户转账界面

单元3 单位贷款业务柜台操作

[训练目标]

通过本单元的练习，了解单位贷款业务处理流程；掌握单位贷款柜台操作要点。

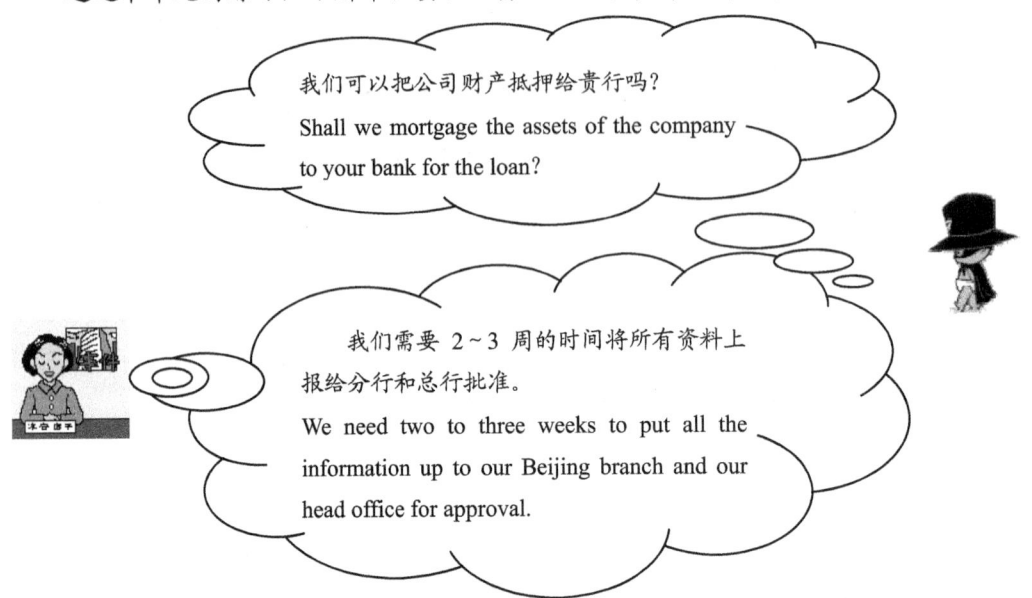

> 我们可以把公司财产抵押给贵行吗？
> Shall we mortgage the assets of the company to your bank for the loan?

> 我们需要 2～3 周的时间将所有资料上报给分行和总行批准。
> We need two to three weeks to put all the information up to our Beijing branch and our head office for approval.

单位贷款主要是由银行信贷部门进行管理，但客户申请贷款必须有唯一对应的活期存款账户，作为放贷、收贷、收息时使用的对应账户，且该账户必须处于正常状态（非结清、关闭）。下面就从单位贷款的整个业务流程角度，简要介绍单位贷款业务柜台的处理。

1. 单位贷款账户开户实训

（1）建立客户信息。

银行柜员根据借款人填制并经信贷部门审批同意的借款凭证，使用"单位客户基本信息"交易在客户信息系统中查询客户编号。

> **提示**：客户编号是银行向客户提供信贷服务时标明信贷资产账户所属的客户身份，如单位结算账号、借记卡卡号、活折账号、身份证件号码及机构客户的银行代码等。

如没有客户编号，使用"单位客户开户"交易，建立客户编号。

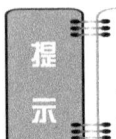

> **提示**：公司贷款、个人贷款、贴现、委托贷款放款时，系统根据其还款结算账户自动登记客户信息，根据还款结算账号产生客户编号，无须柜员手工登记。

（2）开立存款账户。

柜员根据客户编号使用"往来户开户"交易开立存款户。如客户在银行已有存款账户，可使用客户已有的存款户。

提示 此存款户不能是集团二级账户、协定存款 B 户或临时户。

（3）开立贷款账户。

柜员根据信贷部门发放的电子许可证使用"贷款户开户"交易，经主管人员授权后办理开户。

2．单位贷款发放业务实训

在贷款账户建立的当天，即可根据贷款借据发放贷款。

（1）核验借据。

柜员核验信贷部门审批的借款借据。

知识拓展

一般银行系统对所有的贷款业务均进行借据管理，包括一些特殊的贷款，如贴现和借新还旧业务。在贷款发放前，银行要根据贷款借据，进行借据录入，录入基本要素信息，作为贷款业务的起点，也是贷款业务中最关键的一步。

（2）系统操作。

柜员在主界面下选择：对公存贷—贷款业务—贷款发放，进行贷款发放记账操作，如图 5-32 所示。

图 5-32 贷款发放操作界面

（3）签章。

借款凭证各联次加盖"业务清讫章"，第一联退借款人，第二联、第三联分别做借方凭证和贷方凭证，第四联由信贷部门留存，第五联由会计部门专夹保管，在贷款本息还清或核销时做相应账务处理凭证的附件。

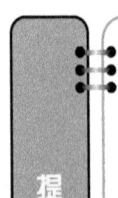

> **提示**
> 借款人申请抵押（质押）贷款时，还须填写抵押（质押）贷款申请书，经银行信贷部门和有权审批人审批并办理相应登记手续后，由信贷部门交会计部门办理抵押（质押）品保管手续后，方能办理贷款手续（如同上述信用贷款）。
> 借款人申请保证贷款时，还须填写保证贷款申请书，按照《担保法》和《贷款通则》有关规定签订保证合同或出具保函，加盖保证人公章及法人名章或出具授权书，注明担保事项，经银行信贷部门和有权审批人审查，审批并经法律公证后，由信贷部门密封交会计部门保管后，方能办理贷款手续（如同上述信用贷款）。

3. 单位贷款回收业务实训

贷款到期，由还款人签发支付凭证，柜员审查支付凭证无误后，做账务处理。若借款人用现金还贷，则应将现金收妥后再做账务处理。

> **提示**
> 到期日借款人未主动归还，银行可视单位存款账户余额，按有关规定主动予以扣收全部或部分贷款，由银行填制特种转账凭证进行账务处理。

贷款本金的偿还采取两种形式：部分还贷和全部还贷。

（1）部分还贷。

实现贷款本金的部分偿还，还贷只冲减贷款本金，不收取当期利息。

柜员在主界面下选择：对公存贷—贷款业务—部分还贷，进入部分还贷操作界面，如图 5-33 所示。

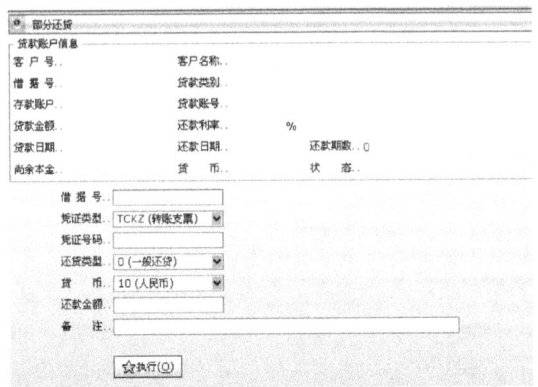

图 5-33 部分还贷操作界面

> **提示**
> 申请部分还贷的贷款账户不允许有欠息,即必须先把以前拖欠的利息(包括表内和表外)还清,才能偿还本金。

(2)全部还贷。

实现贷款全部还贷的处理,处理贷款本金和利息的扣收,利随本清。柜员在主界面下选择:对公存贷—贷款业务—全部还贷,进入全部还贷操作界面,输入相应信息,如图 5-34 所示。

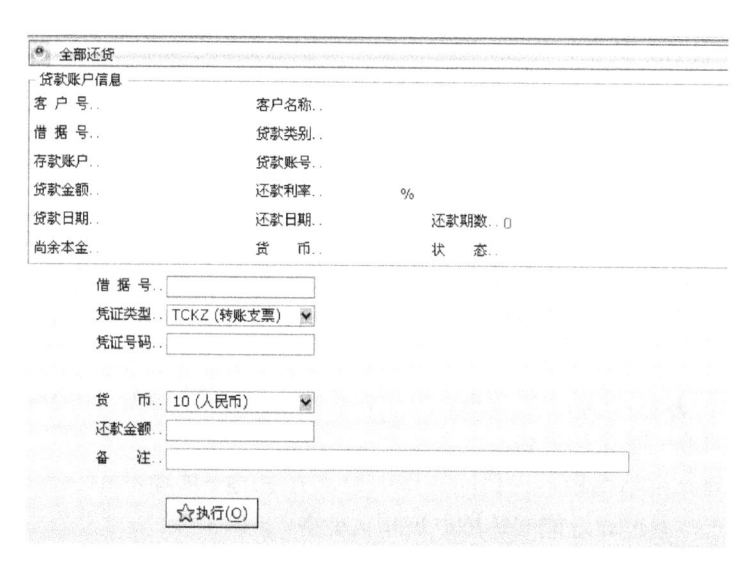

图 5-34 全部还贷操作界面

> **提示**
> 若是抵、质押贷款,要有相应的抵、质押品登记记录,全部还贷后系统联动处理该抵质押品,自动注销该笔抵质押品记录。

系统自动检查该存款账户是否有对应未结清的表内表外应收利息账户。若该贷款账户有应收利息,须要先执行自动收息(系统自动处理)。

系统操作成功后,打印转账传票和计息传票。

模块 6 代理业务操作训练

作为一名临柜柜员，在进行日间业务处理时，经常会遇到代理业务。

代理业务是指银行接受客户委托，以代理人的身份代表委托人办理一些双方议定的经济事项的业务。在代理业务中，银行作为中介人应与委托人签订符合法律法规的协议，明确代理的内容、范围、对象、时间、方式和费用，以及双方的权利、义务等。

代理业务作为银行传统中间业务，是手续费收入的重要来源，是金融产品的延伸，在银行竞争中的地位越来越重要。

本模块主要介绍临柜柜员在日间操作中经常办理的一项业务——代理业务的操作流程及操作要点，通过训练能够熟练办理相关业务：

- 代收业务操作。
- 代付业务操作。
- 代理证券业务操作。
- 代理保险业务操作。
- 代理外汇买卖业务操作。

单元1 代收业务操作

[训练目标]

通过本单元的练习，了解代收业务操作流程；掌握代收业务操作要点；学会办理代收业务。

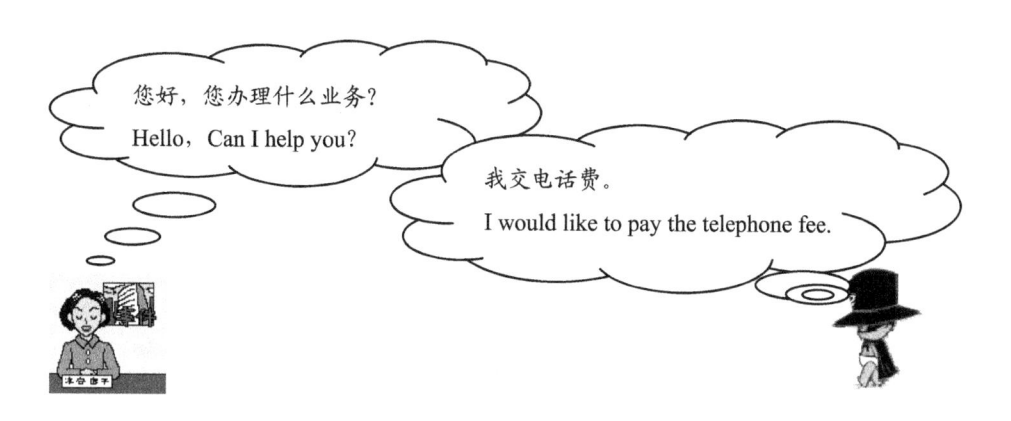

> 您好，您办理什么业务？
> Hello, Can I help you?

> 我交电话费。
> I would like to pay the telephone fee.

代收业务是银行利用自身网点、人员、汇兑网络等优势，接受行政管理部门、社会团体、企事业单位和个人的委托，代为办理指定范围的收款的服务性中间业务。

代收业务按银行处理方式不同，大致可分为实时代缴和主机批量扣划两类，如表6-1所示。

表6-1 代理业务的分类

类 别	实时代缴	主机批量扣划
定义	利用收费单位与银行之间的计算机专线联网，及时传送标准统一的收费数据和收费结果，为缴款人提供"即缴即通"的服务	银行接受缴款人委托，在其指定的账户上为其缴纳有关费用，并在指定日期将扣款通过收费单位提供的数据盘转至收款单位
途径	柜台缴费、电话交费、自助缴费、网上缴费等	银行代缴

代收业务具有省时、方便、快捷，资金结算及时，便于统管资金，查询准确快捷的优点，其核算包括开立、代收代扣，下面跟我一一进行练习。

1. 代收天然气费业务实训

为了进一步提高城市天然气企业的服务水平，使居民缴纳天然气费用更加方便，银行与天然气公司签订委托协议，根据客户提供的天然气费凭证（交款单），由柜台办理收费的一项常见的代理业务。

办理此项代理业务，经银企双方的共同努力，通过对整个收费系统的改造升级，实现天然气费实时收费。

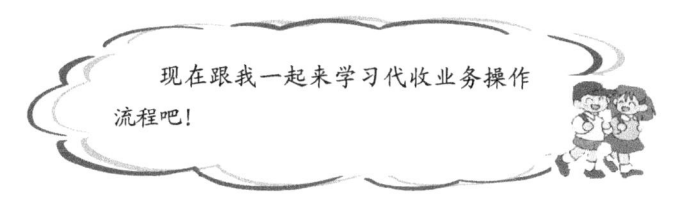

> 现在跟我一起来学习代收业务操作流程吧！

案 例

客户琴锡练要求交纳 200 元的天然气费。

[客户提交缴费通知单资料] 用户名：琴锡练；用户编号：0827084；地址：北京市顺义区爱国路 28 号；上次：3755；本次：3835；单价：1.90；实用量：80；最迟交费日期：2014 年 1 月 24 日；营业站电话：62330308；本次缴费金额：152 元；计费日：2014 年 1 月 8 日；计费员：赵辉。

（1）接到客户交来的燃气费缴费通知单（见图 6-1）、现金或存折、储蓄卡。

（2）审查凭证，核对用户编号以及所缴燃气费金额。

燃气集团销售二公司燃气费缴费通知单

2014 年 1 月　　　　　　　　　　A

用户编号：0827084　北京市顺义区爱国路 28 号										
表示数	上次：3755				单价				1.90 元/平方米	最迟交费日期 01 月 24 日	
	本次：3835				使用量				80 立方米	营业站电话：62330308	
本次应交燃气费金额	千	百	十	万	千	百	十	元	角	分	计费日	01 月 08 日
					¥	1	5	2	0	0		
说明	1. 请自计费次日起十日内交工商银行、农业银行、广东发展行、浦东发展银行、华夏银行、兴业银行、招商银行 2. 过期按日加收 1%滞纳金 3. 本收执已经涂改，即行作废 4. 本收执经加盖银行收款章即为有效 5. 可凭收执在二个月内向燃气销售部门更换正式发票 6. 此收执请保留一年，以备查询										计费员 赵辉	收款章
用户编号：0827084												收款员：①

图 6-1　燃气费缴费通知单

柜员需审核缴费通知单上用户编号、天然气使用字数是否清晰，有无涂改，资料是否填清、填全。

（3）根据缴费通知单清点现金，审核无误后收入款箱。

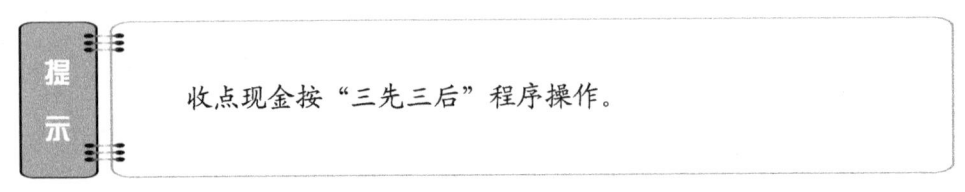

> **提示**
> 收点现金按"三先三后"程序操作。

（4）进行系统操作，将相关内容录入系统。

（5）提交后打印代收发票、贷方传票。

（6）将贷方凭证及交费凭证留存联加盖现讫章，银行留存联附在相应贷方凭证后收妥。

（7）将存折或储蓄卡、缴费凭证客户留存联给客户，结束该笔业务。

> **提示** 如果使用储蓄卡交费，则在发票上盖转讫章。

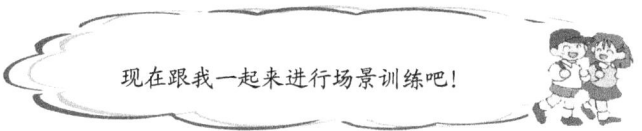

现在跟我一起来进行场景训练吧！

【业务1】 代收自来水费业务训练

模拟角色　柜员、客户王丹。

模拟业务　客户王丹交来现钞500元，要求交纳自来水费。

客户资料　用户名：王丹；用户编号：0925084；地址：关星区南街11号；上月抄码：2612；本月抄码：2684；用水量：72；金额：103.68元；单价：1.44；最迟交费日期：2014年9月26日；计费日：2014年9月17日；计费员：王洪；营业站电话：62390358。

实训报告　（1）将自来水费缴费通知单（见图6-2）填写完整。

自来水集团销售三公司自来水费缴费通知单

年　　月　　　　　　　　A

用户编号：											
表示数	上次：			单　价			元/立方米		最迟交费日期　月　日		
	本次：			使用量					营业站电话：		
本次应交水费金额	千	百	十	万	千	百	十	元	角	分	计费日　月　日
说明	1. 请自计费次日起十日内交工商银行、农业银行、广东发展银行、浦东发展银行、华夏银行、兴业银行、招商银行 2. 过期按日加收1%滞纳金 3. 本收执已经涂改，即行作废 4. 本收执经加盖银行收款章即为有效 5. 可凭收执在二个月内向燃气销售部门更换正式发票 6. 此收执请保留一年，以备查询									计费员	收　款　章
用户编号：										收款员：①	

图6-2　自来水费缴费通知单

141

（2）按"三先三后"程序操作清点现金。

（3）系统操作。

（4）打印代收发票和加盖现讫章。

2. 代收有线电视用户申请缴费业务实训

代收有线电视用户申请缴费业务目前主要是银行接受歌华有线电视网络股份有限公司的委托，为有线电视用户办理预约登记，办理储蓄卡缴费、续存等业务。

此代理业务一般采用主机批量扣划的形式，由歌华公司提供数据盘，在客户申请日主机自动划款，次日返回扣划成功与不成功清单。通常，扣划时间在每季度中，即 2 月 15 日、5 月 15 日、8 月 15 日、11 月 15 日。

案 例

客户琴锡练申请开立储蓄卡账户办理银行代缴歌华有线电视费，交来现金 216 元。

客户资料　姓名：琴锡练；证件类型：身份证；证件号码：982202148114831543；国籍：中国；联系电话：35400390；地址：北京市顺义区爱国路 28 号；邮编：100099；凭证号码：11100001；账户密码：676767；用户代码：1084；用户姓名：11100001；序号货源协议号：00000317；缴费截止日期：8 月 15 日。

（1）收到客户填写的北京歌华有线电视网络股份有限公司用户银行交费登记表、现金、有效身份证件。

（2）审查北京歌华有线电视网络股份有限公司用户银行交费登记表、身份证审查凭证及证件是否合法、有效。

（3）为客户开立储蓄卡账户（方法同活期储蓄业务）。

（4）收点现金。清点现金仍需按"三先三后"程序操作。

（5）登录有线电视申请缴费登记界面，如图 6-3 所示。根据系统提示，录入凭证要素。

（6）柜员通过输入储蓄卡现金存款交易代码，输入储蓄卡现金存款交易界面。

（7）打印凭证。系统操作成功后，打印相应的储蓄卡存款凭证，签章交客户。在客户申请日，主机自动划款，次日返回扣划成功与不成功清单。

提示　扣划不成功的原因有账号户名不符、储蓄卡账户余额不足、储蓄卡状态不正常（销户、冻结、挂失等）。

有线电视用户申请缴费登记

```
序号货源协议号  00000317
    用户代码  1084
    用户姓名  111000001
    联系电话  35400390
    身份证号  982202148114831543
    收视地址  北京市顺义区爱国路 28 号
    银行账号  11100001
    账户姓名  琴锡练
邮编或缴费截止日期    8 月 15 日
    注册标志  0—其他  1—320 元  2—300 元(√)  3—120 元
    账户密码  676767
    确认（   √   ）         否认（      ）
```

图 6-3 有线电视用户申请缴费登记界面

【业务 2】 代理移动话费缴费业务训练

模拟角色　柜员、客户钟翔。

模拟业务　客户钟翔交来现钞 300 元，要求缴纳移动话费。

客户资料　姓名：钟翔；地址：北京市宣武区广外红居街 28 号；联系电话：64407706；凭证号码：11100001；邮编：100055；身份证号码：104324198712043466。

客户提交缴费通知单资料　用户代码：00011234；月租费：50 元；市内小计：70 元；国内长途小计：120 元；漫游小计：50 元；套餐月租费：10 元；其他均为零。

实训报告　（1）将××分行缴费申请单（见图 6-4）填写完整。

年　　月　　日

缴费种类	☐ 移动电话　☐ 市话费　☐ 上网费 ☐ 电费　　☐ 收视费　☐ 其他	
单位代码		用户代码
缴费金额 或 购电度数		用户姓名

图 6-4 移动电话号缴费申请单

（2）登录代收移动话费界面并填写完整，如图 6-5 所示。

```
电话号码 _____

确认（    ）        否认（    ）
```

图 6-5 代收移动话费界面

（3）填写查询结果，根据客户提交的缴费申请单与客户资料核对，确认交费。查询结果界面如图 6-6 所示。

```
1. 姓名：
2. 话费合计：
3. 用户名：           电话号码：
4. 上次缴费余额：      市内小计：
5. 国内长途小计：      国际长途小计：
6. 漫游小计：         月租费：
7. 频占费：           特服费：
8. 滞纳金：           IP 电话：
9. 新业务费：         套餐月租费：
10. 截止日期：
```

交费(　　)　　下笔　　上页　　下页　　退出

图 6-6　查询结果界面

（4）确认应收话费金额，如图 6-7 所示。

```
电话号码    自动显示
应收话费   （自动显示金额）
```

确认(　　)　　　　否认(　　)

图 6-7　确认应收话费金额界面

（5）按"三先三后"程序清点现金。
（6）打印代收发票和加盖现讫章。

单元 2　代付业务操作

[训练目标]

通过本单元的练习，了解代付业务操作流程；掌握代付操作要点；学会办理代付业务。

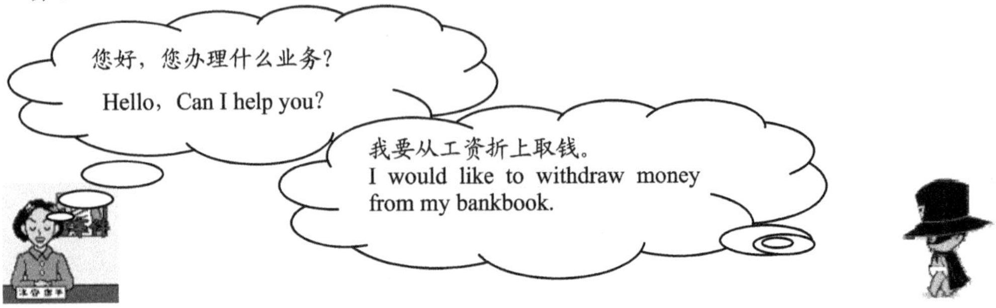

您好，您办理什么业务？
Hello, Can I help you?

我要从工资折上取钱。
I would like to withdraw money from my bankbook.

代发款业务是指我行接受委托单位的委托，将委托单位向本单位职工发放的工资、奖金等收入，通过转账划入指定职工在我行开立的活期储蓄账户或东方卡备用金账户内。

现在很多单位都委托银行代发工资、社会保险，下面给大家简单介绍一下银行如何代办此项业务。

1. 代发工资业务实训

代发工资业务简称代发薪，是商业银行受企事业单位的委托，通过转账的方式，将员工的工资收入在约定的时间一次或多次划转到员工在银行开立的活期存款账户或信用卡的一项中间业务。

代发工资业务从领款形式上看，可有活期存折、储蓄卡、信用卡三种形式。

代发工资业务分为两部分：

第一部分为开立账户环节，即：（1）发薪单位和银行签订代发工资协议；（2）发薪单位向银行提供员工姓名、有效证件；（3）银行为发薪单位员工开立活期账户；（4）发薪单位每月提供工资清单给银行。

第二部分为代发环节，即：（1）银行代发工资；（2）发薪单位员工在银行网点、ATM取款、POS消费等。

本实训要求同学们掌握第二部分。

现在跟我一起来学习代付业务操作流程吧！

案　例

2014年1月3日，客户琴锡练持工资卡（活期一本通）要求支取工资款2 000元。

客户资料　姓名：琴锡练；证件类型：身份证；证件号码：982202148114831543；国籍：中国；联系电话：35400390；地址：北京市顺义区爱国路28号；邮编：100099；凭证号码：11100001。

（1）审核客户递交的工资存折活期一本通及填写的取款凭条，如图6-8所示。柜员需审核该存折是否为本银行受理的；使用的凭证种类是否正确，凭证的基本内容是否齐全；账号与户名是否相符。

储蓄取款凭条

科目：(借)　　　　　　　　2014 年 1 月 3 日　　　　　　　　交易代码：

客户填写	储种：活期 □　　活期一本通 □　　定期一本通 □　　存本 □　　整零 □　　其他＿＿＿＿								
	户名：琴锡练	千	百	十	万	千	百	十	元	角	分
	账号：006091029100010				2	0	0	0	0	0
	定期一本通序号 11100001									
	币种 RMB　钞 □　　汇 □　　假汇 □									
银行填写										

存款人对上述银行记录确认无误后签名＿＿＿＿＿　　事后监督　　复核（授权）　　柜员

图 6-8　储蓄取款凭条

（2）输入交易代码，进行查询或修改工资卡账号，如图 6-9 所示。

```
电脑序号  5467982100

确认（ √ ）        否认（   ）
```

图 6-9　查询界面

> **提示**：本交易用于按计算机序号查询客户信息时使用。

（3）显示查询结果，如图 6-10 所示。

```
姓　名：琴锡练
身份证号：982202148114831543
银行账号：006091029100010
开户日期：（自动显示）
确认（ √ ）        否认（   ）
```

图 6-10　显示查询结果界面

（4）输入取款信息。

（5）打印存折（见图 6-11）与取款凭条。打印取款凭条并交客户确认，无误后签字。在存折、取款凭条上加盖个人名章，并在取款凭条上加盖"现金付讫"章。

活期一本通存折

账号---006091029100010------
户名----琴锡练--------
办卡标志---------------------
开户网点名称-----------------
凭证号----11100001----------

银行签章

签发日期—13/09/13----- 通存通兑---通---- 印密---密----

序号	交易日期	属性	注释	币种钞/汇	支出（-）或存入（+）	结　余	网点号	操作
01	13/09/13	001	开户	RMB 钞	+4000.00	4000.00	0609	S0030
02	14/01/03		支取	RMB 钞	-2000	2000	0609	S0030

图 6-11　活期一本通存折内页

（6）配款。柜员按取款凭条上的取款金额进行配款。

（7）将现金和存折与客户当面核实后交客户。将现金和存折交客户后，取款凭条作为业务凭证在营业终了送事后监督部门。

现在跟我一起来进行场景训练吧！

◆【业务 1】 领取养老金业务训练

模拟角色　柜员、客户刘力。

模拟业务　客户刘力交来活期储蓄存折活期一本通，要求领取养老金 500 元。

客户资料　用户名：刘力；证件类型：身份证；证件号码：782206719400831543；
　　　　　国籍：中国；联系电话：67400390；地址：北京市平谷区西大街路 14 号；
　　　　　邮编：100073；账号：0996068760000016；凭证号码：111009901。

实训报告　（1）将储蓄取款凭条（见图 6-12）填写完整。

储蓄取款凭条

科目：（借）　　　　　　　　　　　年　月　日　　　　　交易代码：

客户填写	储种：活期 □　　活期一本通 □　　定期一本通 □　　存本 □　　整零 □　　其他____										
^	户名：	千	百	十	万	千	百	十	元	角	分
^	账号：										
^	定期一本通序号										
^	币种____钞 □　　汇 □　　假汇 □										
银行填写												

存款人对上述银行记录确认无误后签名_____　　事后监督　　复核（授权）　　柜员

图 6-12　储蓄取款凭条

（2）输入交易代码，进行查询或修改养老金账号，如图 6-13 所示。

```
电脑序号

确认（    ）          否认（    ）
```

图 6-13　查询账号界面

> **提示**　本交易用于按计算机序号查询客户信息时使用。

（3）显示查询结果，如图 6-14 所示。

```
姓名：
身份证号：
银行账号：
开户日期：（自动显示）
确认（    ）          否认（    ）
```

图 6-14　显示查询结果界面

（4）往活期存款账户中录入相关信息。

（5）打印存折与取款凭条。打印存折如图 6-15 所示。在存折与取款凭条上签章后，再在取款凭条上加盖"现金付讫"章。

活期一本通存折

账号：--------------　　户名：--------

办卡标志--------------------

开户网点名称------------------

凭证号：----------------

　　　　　　　　　　　　　　　　　　银行签章

签发日期：--------　通存通兑---通----　印密---密----

序号	交易日期	属性	注释	币种钞/汇	支出（−）或存入（+）	结　余	网点号	操作

图 6-15　活期一本通存折内页

（6）配款。

（7）将现金、存折、身份证件交客户。

单元3　代理证券业务操作

[训练目标]

通过本单元的练习，了解代理证券业务操作流程；掌握代理证券业务操作要点；学会办理证券业务。

> 您好，您办理什么业务？
> Hello，Can I help you?

> 我想购买2011年发行第三期的三年期凭证式国债20 000元。

代理证券业务是指代理发行、兑付经批准的各种债券及银证转账、银证通业务。

代发行债券业务是经办行向投资者收取购债资金，并逐级划至总行，由总行将代理发行债券的款项划付发债人。

目前代发行债券业务主要有经批准代理发行、兑付凭证式国债和记账式国债业务及代理证券投资基金开户、认购、申购、赎回业务。

> **提示**　凭证式国债发行起点金额为100元，且必须以百元整数倍发售；按年度分期发行，存期为3年、5年；若提前兑付则均按兑付本金的1‰收取手续费。

以下内容介绍以银行柜面业务为主的凭证式国债的发行和兑付。

1. 凭证式国债发行

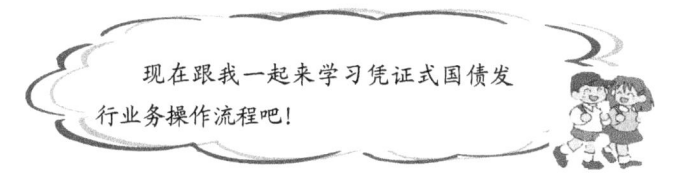

> 现在跟我一起来学习凭证式国债发行业务操作流程吧！

案 例

客户琴锡练于 2011 年 8 月 11 日交来现钞 20 000 元，要求购买 2011 年（三期）3 年期凭证式国库券。

客户资料　姓名：琴锡练；证件类型：身份证；证件号码：982202148114831543；
　　　　　　国籍：中国；联系电话：35400390；地址：北京市顺义区爱国路 28 号；
　　　　　　邮编：100099；凭证号码：11100001。

（1）审核客户填写的存款凭条要素。存款人填写活期储蓄存款凭条，如图 6-16 所示，连同有效身份证原件、现金一并交柜员。柜员审查存款凭证各要素是否完整、正确，是否预留印鉴或密码，身份证件、号码是否准确。

储蓄存款凭条

科目：（贷）　　　　2011 年 08 月 11 日　　　　交易代码：

银行填写	
客户填写	储种：活期　活一本通整整　定一本通　零整　教育　定活　通知　存本　整零　国债 √　其他 户名 琴锡练　　　账号　　　　　　　　密码 √　印鉴　通兑 √　其他 存期 3 年　　转存期　　　　币种 人民币　　钞 √ 汇　假汇　金额 20000.00 新开户填写：地址 北京市顺义区爱国路 28 号　　　电话 35400390　　备注 存款人证件类型　身份证　　　　代理人姓名 发证机关　　　　　　　　　　　代理人证件类型　　　　　发证机关 证件号码 982202148114831543　　证件号码

存款人对上述银行记录确认无误后签名＿＿＿＿＿＿　事后监督　复核（授权）　柜员

图 6-16　储蓄存款凭条

（2）点收现金。当面点清，一笔一清，并按"三先三后"程序操作。

（3）进行系统操作，如图 6-17 所示。

凭证式国债发行

购买人性质：个人
姓　名：琴锡练
购买金额：20000.00　　交易类别：现金
期　限：11 年　第 3 期　　币　　别：人民币
起息日期：2011/8/11　　支取方式：凭密
到期日：2014/8/11　　　支取密码：9999
证件类型：身份证　　　通兑标志：通存通兑
证件号码：982202148114831543
校验证件号码：
地址：北京市顺义区爱国路 28 号

图 6-17　凭证式国债发行系统操作界面

> **提示** 客户预留密码，则到期时可到认购银行下属的任何网点通存通兑；若不留密码，则到期时只能到认购行兑付。

（4）打印凭证式国债、存款凭条。

（5）凭证式国债、存款凭条签章后交客户。在打印的凭证式国债、存款凭条上加盖业务公章，完成后将凭证式国债、身份证件交给客户。

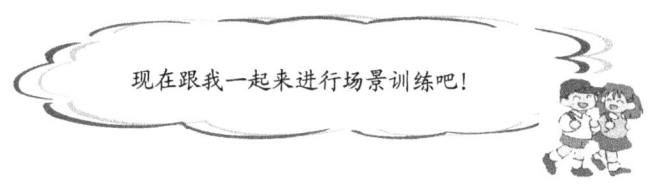

现在跟我一起来进行场景训练吧！

【业务1】 凭证式国债发行业务训练

模拟角色 柜员、客户王丹。

模拟业务 客户王丹于2011年8月22日交来现金50 000元，要求购买2011年（三期）3年期凭证式国债。

客户资料 姓名：王丹；证件类型：身份证；证件号码：532123148114831542；国籍：中国；联系电话：83611390；地址：关星区南街11号；邮编：100055；凭证号码：11100002。

实训报告 （1）将活期储蓄存款凭条（见图6-18）填写完整。

储蓄存款凭条

科目：（贷）　　　　　年　月　日　　　　交易代码：

银行填写	
客户填写	储种：活期 活一本通 整整 定一本通 零整 教育 定活 通知 存本 整零 国债 其他 户名＿＿＿＿ 账号＿＿＿＿ 密码 印鉴 通兑 其他 存期＿＿＿ 转存期＿＿＿ 币种＿＿＿ 钞汇 假汇 金额＿＿＿ 新开户填写：地址＿＿＿＿ 电话＿＿＿ 备注＿＿＿ 存款人证件类型＿＿＿＿ 代理人姓名＿＿＿＿ 发证机关＿＿＿＿ 代理人证件类型＿＿＿ 发证机关＿＿＿ 证件号码＿＿＿＿ 证件号码＿＿＿＿

存款人对上述银行记录确认无误后签名＿＿＿　事后监督　复核（授权）　柜员

图6-18　储蓄存款凭条

（2）将凭证式国债发行界面（见图6-19）填写完整。

```
            凭证式国债发行
购买人性质：
姓　　名：
购买金额：              交易类别：
期　　限：  年  第  期   币　　别：
起息日期：              支取方式：
到 期 日：              支取密码：
证件类型：              通兑标志：
证件号码：
校验证件号码：
地　　址：
```

图 6-19　凭证式国债发行界面

2. 凭证式国债兑付

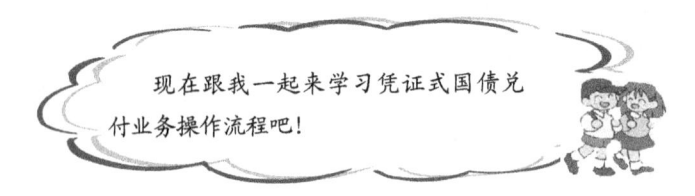

现在跟我一起来学习凭证式国债兑付业务操作流程吧！

凭证式国债到期兑付业务基本规定：

凭证式国债具有通兑功能，允许在同城范围内实行通兑。

凡在发行期内售出的凭证式国债，均按对年对月对日的方法，不计复利来确定到期日并付息；在发行期结束后售出的凭证式国债，以售出日为起息日，终止日为该国债规定的到期日（即再售出截止日），逾期兑付的不计逾期利息。

发行期内银行储蓄存款利率如发生变动，尚未发行的凭证式国债利率也将做相应的调整。所得国债利息不纳税。

案　例

客户琴锡练于 2014 年 8 月 11 日持到期凭证式国债 20 000 元，要求办理兑付。

客户资料　姓名：琴锡练；证件类型：身份证；证件号码：982202148114831543；国籍：中国；联系电话：35400390；地址：北京市顺义区爱国路 28 号；邮编：100099；凭证号码：11100001。

（1）审核客户提交的凭证式国债、有效身份证件。

（2）进入凭证式国债兑付界面（见图 6-20），进行系统操作。

凭证式国债兑付

```
收款凭证：国债收款凭证
客户名称：琴锡练           国债账号：
支取密码：9999            交易类型：现金
证件类型：身份证           取款金额：20000
证件号码：982202148114831543   币  别：人民币
应付利息：3348            起息日期：2011/8/11
应收手续费：0.00          总合计：23348
通兑手续费收取方式：0.00
```

图 6-20　凭证式国债兑付界面

（3）打印国债凭证、利息清单（见图 6-21）。

××银行储蓄存款利息清单

币种：　　　2014 年 8 月 11 日　　　交易序号：

户　名			琴锡练		账　号		
储　种	本　金	类别	利率（%）	利息	应税利息	税率（%）	税金
	20000			3348	0.00		
网点号	现转标志	税后利息	税后本息合计		备注	操　作	
			23348				

事后监督　　　　　复核（授权）　　　　　柜员

图 6-21　利息清单

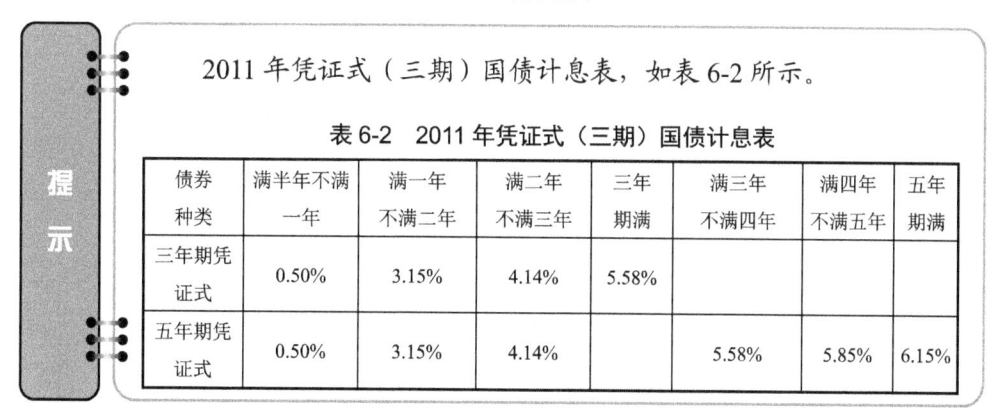

> **提示**
>
> 2011 年凭证式（三期）国债计息表，如表 6-2 所示。
>
> **表 6-2　2011 年凭证式（三期）国债计息表**
>
> | 债券种类 | 满半年不满一年 | 满一年不满二年 | 满二年不满三年 | 三年期满 | 满三年不满四年 | 满四年不满五年 | 五年期满 |
> |---|---|---|---|---|---|---|---|
> | 三年期凭证式 | 0.50% | 3.15% | 4.14% | 5.58% | | | |
> | 五年期凭证式 | 0.50% | 3.15% | 4.14% | | 5.58% | 5.85% | 6.15% |

客户琴锡练于 2011 年 8 月 11 日购买 2011 年度三年期凭证式国债（三期）20 000元，于 2014 年 8 月 11 日到期兑取，利率 5.58%，则应获利息为：

$$应付利息 = 20\,000 \times 3 \times 5.58\% = 3\,348（元）$$

（4）利息清单交客户确认。客户确认利息清单无误后，签字。
（5）柜员兑付现金交客户。

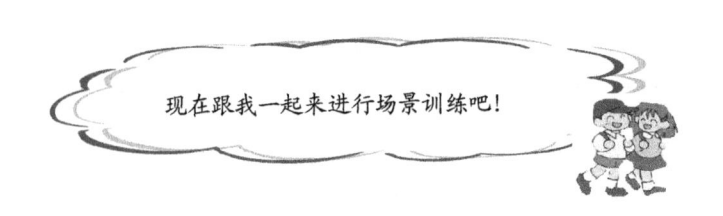

【业务2】 凭证式国债到期兑付业务训练

模拟角色　柜员、客户王丹。

模拟业务　客户王丹于 2014 年 8 月 22 日持 2011 年 8 月 22 日购买的 3 年期凭证式国债（三期）50 000 元，要求办理到期兑付。

客户资料　姓名：王丹；证件类型：身份证；证件号码：532123148114831542；国籍：中国；联系电话：83611390；地址：关星区南街 11 号；邮编：100055；凭证号码：11100002。

实训报告　（1）将凭证式国债兑付界面（见图 6-22）填写完整。

凭证式国债兑付

收款凭证：	
客户名称：	国债账号：
支取密码：	交易类别：
证件类型：	取款金额：
证件号码：	币　别：
应付利息：	起息日期：
应收手续费：	总合计：
通兑手续费收取方式：	

图 6-22　凭证式国债兑付界面

（2）计算国债利息。查 2011 年凭证式（三期）国债计息表。

（3）将利息清单（见图 6-23）填写完整。

××银行储蓄存款利息清单

币种：　　　　　年　月　日　　　　交易序号：

户　名					账　号		
储　种	本　金	类　别	利率%	利息	应税利息	税率%	税金
网点号	现转标志	税后利息	税后本息合计		备注	操　作	

事后监督　　　　　复核（授权）　　　　　柜员

图 6-23　利息清单

【业务3】 凭证式国债逾期兑付业务训练

模拟角色　柜员、客户钟翔。

模拟业务　客户钟翔于 2014 年 9 月 24 日持 2011 年 5 月 29 日购买的 3 年期凭证式国债（三期）3 000 元，要求办理兑付。

客户资料　姓名：钟翔；地址：北京市宣武区广外红居街 28 号；邮编：100055；电话：64407706；证件类型：身份证；证件号码：104324198712043466；凭证号码：11100001。

实训报告　（1）将凭证式国债兑付界面填写完整。

（2）计算国债利息。查 2011 年凭证式（三期）国债计息表。

（3）将利息清单填写完整。

案　例

客户琴锡练于 2012 年 9 月 26 日持 2011 年 8 月 11 日购买的未到期的 3 年期凭证式国债（三期）20 000 元，要求办理兑付。

客户资料　姓名：琴锡练；证件类型：身份证；证件号码：982202148114831543；国籍：中国；联系电话：35400390；地址：北京市顺义区爱国路 28 号；邮编：100099；凭证号码：11100001。

凭证式国债提前兑付业务基本规定：发行期内提前兑取的，不计付利息；发行期结束后提前兑取的（查当期国债利率表），各购买网点按兑取本金的 1‰收取手续费（提前兑取手续费=本金×1‰），并按实际持有时间及相应的分档利率计付利息。

（1）审核客户提交的凭证式国债、有效身份证件。

（2）进入凭证式国债兑付界面，如图 6-24 所示，进行系统操作。

凭证式国债兑付

收款凭证：国债收款凭证	
客户名称：琴锡练	国债账号：
支取密码：9999	交易类别：现金
证件类型：身份证	取款金额：20000
证件号码：982202148114831543	币　别：人民币
应付利息：688.75	起息日期：2011/8/11
应收手续费：20.00	总合计：20688.75
通兑手续费收取方式：0.00	

图 6-24　凭证式国债兑付界面

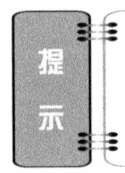

> **提示**
>
> 提前兑取手续费=20 000×1‰=20（元）

（3）打印国债凭证、利息清单，如图6-25所示。

××银行储蓄存款利息清单

币种：RMB　　　　　2012年9月26日　　　　　交易序号：

户　名	琴锡练			账　号		
储　种	本　金	类　别	利率（%）	利息	应税利息	税率（%）	税　金
	20000			688.75	0.00		0.00
网点号	现转标志	税后利息	税后本息合计		备注	操　作
			20688.75			

事后监督　　　　　　复核（授权）　　　　　　　　柜员

图6-25　利息清单

> **提示**
>
> 为了计算提前兑取国债利息，需查2011年凭证式（三期）国债计息表。
>
> 客户琴锡练于2011年8月11日购买2011年度三年期凭证式国债（三期）20 000元，利率5.58%，于2012年9月26日提前兑取。
>
> 实际持有天数为：2011.8.11—2012.9.26　　存期405天

> **注意**
>
> 实际持有天数满一年不满二年，利率应选择3.15%。

应付利息=20 000×405×3.15%÷360=708.75（元）
实际支付客户利息金额=708.75–20=688.75（元）
实付本息=20 000+688.75=20 688.75（元）

（4）利息清单交客户确认。客户确认利息清单无误后，签字。
（5）柜员兑付现金交客户。

【业务4】　凭证式国债提前兑付业务训练

模拟角色　柜员、客户王丹。

模拟业务　客户王丹于2014年5月19日持2011年8月22日购买的5年期凭证式国债（三期）50 000元，要求办理提前兑付。

客户资料　姓名：王丹；证件类型：身份证；证件号码：532123148114831542；
国籍：中国；联系电话：83611390；地址：关星区南街11号；邮编：100055；
凭证号码：11100002。

实训报告　（1）将凭证式国债兑付界面填写完整。

（2）计算国债利息、提前兑付手续费。查2011年凭证式（三期）国债计息表。

（3）将利息清单填写完整。

银行代理债券业务不仅包括前面讲过的国库券业务，还包括代理证券投资基金业务。

代理证券投资基金业务是银行接受基金管理人委托，从事代理销售证券投资基金及注册登记的业务。

证券投资基金具有组合投资、分散风险、专业管理、规避风险、税赋合理等特点。

证券投资基金一般分为开放式基金和封闭式基金两种。

以下内容介绍以银行柜面业务为主的证券投资开放式基金的认购（申购）和赎回业务实训。

3. 证券投资基金认购（申购）实训

新基金在发行期内买入称为认购，认购价为1元，但在发行期及封闭期内不能赎回。封闭期过后进入开放期，此时买入称为申购，此时申购价是按基金净值来计算的。投资人申购基金的业务操作流程基本同认购基金。

现在跟我一起来学习开放式基金认购（申购）业务操作流程吧！

案　例

客户王洪于2014年8月8日要求认购金马基金30 000元。

客户资料　姓名：王洪；证件类型：身份证；证件号码：110105195308127776；
国籍：中国；联系电话：65400390；地址：北京市昌平区爱民路142号；
邮编：100123；借记卡号码：6014444091302989721。

（1）审核客户资料及填写的开户申请。个人客户申请开立基金交易账户时，需出具本人有效身份证件和资金账户卡。

机构投资人申请开立基金交易账户时，需出具资金账户卡及以下材料：企业营业执照或登记注册证件原件、加盖公章的复印件、印鉴卡、法人代表授权委托书、业务经办人身份证等。

（2）进行系统操作。柜员审核后通过基金交易账户开户交易，输入申请人提交的资料等有关信息。将投资人基金交易账户与基金资金账户建立唯一对应关系。虽然客户当天就可以拿到交易账号（资金账户卡卡号），但从目前实际操作看，仍需 2 天后再到该网点确认开户成功，并取得基金账号。5 天后，基金管理公司将为客户寄出基金账户卡。

（3）审核代理基金申/认购申请表。投资人认购新开发的基金时，应按认购金额填写代理基金申/认购申请表（见图 6-26），认购金额大于最低认购金额，是交易级差的整数倍。机构投资人还须加盖预留印鉴，并按认购金额填写转账支票（基金资金账户）一张，连同基金交易卡、基金资金账户卡一并提交给柜员。柜员接到申请后，应审核该申请表是否按要求填写，并审核客户资金账户上是否有足够的认购资金。

代理基金申/认购申请表

提示：填写前请阅读第二联背面的有关内容（略）。

申请日期： 2014 年 8 月 8 日

客户填写	申请人	王洪										
	借记卡号	6014444091302989721										
	基金代号	020005										
	基金名称	金马基金										
	申/认购金额或份额（大写）叁万元整	亿	千	百	十	万	千	百	十	元	角	分
						3	0	0	0	0	0	0
	分红方式类型	红利再投资（　） 派现（√）										

声明：本人/本公司接受《基金契约》所载明的所有法律条款，承诺依据《基金契约》行使权利、承担义务，并确保已详阅所买基金的《公开说明书》，自愿办理中国农业银行代理的基金业务，明白投资基金的风险，自担投资风险。

申请人或经办人签字：王洪　　　　　机构投资人预留印鉴：

银行填写	申请人	王洪		
	借记卡号	6014444091302989721		
	基金代码	020005	基金账号	040001919584
	申/认购金额或份额（大写）叁万元整	￥30000.00		
	冻结金额（大写）	￥		
	分红方式类型	派现		
	委托号		受理时间	2014 年 8 月 8 日

图 6-26　代理基金申/认购申请表

（4）进行系统操作。经审查无误后，通过认购交易，根据系统提示输入有关信息，按投资者意愿准确选择不同基金公司的基金产品。

（5）打印基金申/认购单（见图 6-27）并交客户确认。打印基金申/认购单一式两联，经客户确认无误后签字。

基金申/认购单

基金名称：金马基金	基金销售网点：中轴路支行
市场代码：002	申购时间：12：28：44
证券代码：020005	交易流水号：11102201070108101962841 2
投资者名称：王洪	认购金额：30000.00 元
客户交易号：09015000087162	认购费率：0.015000
借记卡号：6014444091302989721	折算认购份额：29550.00（份）
（理财卡号）	卡密码：
其中手续费：450.00 元	认购净金额：29550.00 元
扣款金额：30000.00 元	扣款金额大写：叁万元整

图 6-27 基金申/认购单

（6）将有效身份证件、客户信息确认书和交易确认书、基金交易卡、基金资金账户卡交客户。

> **提示**
>
> 为什么基金认购有时会不成功？
> ① 基金管理公司 TA 系统对客户的身份证号码增开或登记基金账户申请进行验证失败，客户的认证委托被视为无效予以退回。
> ② 认购数额不符合基金公司规定的首次最低投资额时，认购委托会被确认失败。
> ③ 其他原因导致。

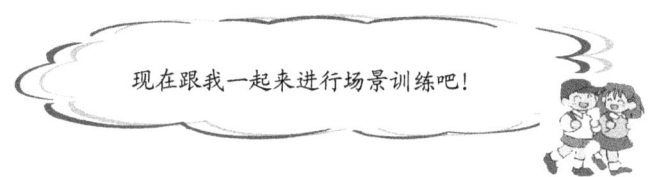

现在跟我一起来进行场景训练吧！

【业务5】 证券投资基金申/认购业务训练

模拟角色　柜员、客户王丹。

模拟业务　客户王丹于 2014 年 9 月 8 日要求认购华夏成长基金 50 000 元。

客户资料　姓名：王丹；证件类型：身份证；证件号码：532123148114831542；国籍：中国；联系电话：83611390；地址：关星区南街 11 号；邮编：100055；借记卡号码：6014444091302342089；华夏成长基金市场代码：003；证券代码：000001。

实训报告　（1）将代理基金申/认购申请表（见图 6-28）填写完整。

代理基金申/认购申请表

<table>
<tr><td rowspan="6">客户填写</td><td>申请人</td><td colspan="11"></td></tr>
<tr><td>借记卡号</td><td colspan="11"></td></tr>
<tr><td>基金代号</td><td colspan="11"></td></tr>
<tr><td>基金名称</td><td colspan="11"></td></tr>
<tr><td>申/认购金额或份额（大写）</td><td>亿</td><td>千</td><td>百</td><td>十</td><td>万</td><td>千</td><td>百</td><td>十</td><td>元</td><td>角</td><td>分</td></tr>
<tr><td>分红方式类型</td><td colspan="5">红利再投资（ ）</td><td colspan="6">派现（ ）</td></tr>
</table>

声明：本人/本公司接受《基金契约》所载明的所有法律条款，承诺依据《基金契约》行使权利、承担义务，并确保已详阅所买基金的《公开说明书》，自愿办理中国农业银行代理的基金业务，明白投资基金的风险，自担投资风险。

申请人或经办人签字：　　　　　　机构投资人预留印鉴：

<table>
<tr><td rowspan="7">银行填写</td><td>申请人</td><td colspan="3"></td></tr>
<tr><td>借记卡号</td><td colspan="3"></td></tr>
<tr><td>基金代码</td><td></td><td>基金账号</td><td></td></tr>
<tr><td>申/认购金额或份额（大写）</td><td colspan="3">￥</td></tr>
<tr><td>冻结金额（大写）</td><td colspan="3">￥</td></tr>
<tr><td>分红方式类型</td><td colspan="3"></td></tr>
<tr><td>委托号</td><td></td><td>受理时间</td><td></td></tr>
</table>

图 6-28　代理基金申/认购申请表

（2）将基金申/认购单（见图6-29）填写完整。

基金申/认购单

基金名称：　　　　　　　　基金销售网点：
市场代码：　　　　　　　　申购时间：
证券代码：　　　　　　　　交易流水号：
投资者名称：　　　　　　　认购金额：　　　　元
客户交易号：　　　　　　　认购费率：
借记卡号：　　　　　　　　折算认购份额：　　　（份）
（理财卡号）　　　　　　　卡密码：
其中手续费：　　　　　　　认购净金额：
扣款金额：　　　　　　　　扣款金额大写：

图 6-29　基金申/认购单

4. 证券投资基金赎回实训

证券投资基金赎回是指在基金存续期间,将手中持有的基金份额按一定价格卖给基金管理人并收回现金的行为。赎回后的剩余基金份额不能低于基金公司规定的最小剩余份额;未被基金公司确认的基金不能做赎回业务。

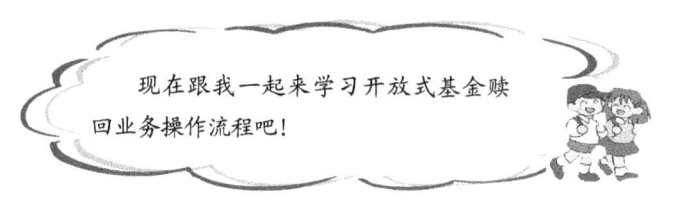

现在跟我一起来学习开放式基金赎回业务操作流程吧!

提示

客户李燕于 2006 年 9 月 16 日投资 30 000 元申购华安创新开放式基金。申购费为 1.5%,每基金单位为 1 元,扣除手续费实际拥有 29 556.65 份基金(30 000×1÷(1+1.5%)=29 556.65)。

若李燕于 2014 年 2 月 16 日要求赎回 2006 年 9 月 16 日申购的华安创新开放式基金,经过几次分红后,实际基金份额为 35 901.63 份基金单位。2014 年 2 月 16 日该基金净值为 2.526 元,则本息合计为 90 236.34 元(35 901.63×2.526÷(1+0.5%)=90 236.34),所获得的净利润为 60 236.34 元(90 236.34−30 000=60 236.34)。

客户资料　姓名:李燕;证件类型:身份证;证件号码:11010519570831774;国籍:中国;联系电话:68645431;地址:北京市东城区南锣鼓巷 46 号;邮编:100009;借记卡号码:6014854096902932727。

(1)审核客户提交的有效身份证件、基金交易卡、基金资金账户卡、基金账号。审核客户提供的有关资料是否真实准确。

(2)审查客户填妥的代理基金赎回申请表,如图 6-30 所示。审核客户是否将该支基金的份额全部赎回。若不是全部赎回,则在账户内保留的基金份额不得低于该支基金的最低持有量(不同基金账户最低持有量不同)。

代理基金赎回申请表

基本资料	申请人名称	李燕	申请日期	2014 年 2 月 16 日
	基金名称	华安创新	基金代码	04001
基金赎回				

基金赎回:
1. 赎回数量:35901.63 份　　2. 收费模式:前端(√) 后端(　)
3. 预约赎回日期:2014 年 2 月 16 日　　4. 巨额赎回处理方式:
　　　　　　　　　　　　　　　　　　顺延(　) 不顺延(√)

图 6-30　代理基金赎回申请表

（3）进行系统操作。审核无误后，进入基金赎回界面，如图 6-31 所示。根据系统提示录入有关信息。

基 金 赎 回

借记卡号：6014854096902932727	
（理财卡号）	
市场代码：002	赎回份额：35901.63
证券代码：020018	卡密码：
确认日期：2014 年 2 月 16 日	输入卡号：
确认编号：	
巨额赎回标志：	

图 6-31　基金赎回界面

（4）打印代理基金赎回申请表并交客户确认。打印代理基金赎回申请表一式两联，经客户确认无误后签字。

（5）将现金、身份证、基金业务回执交客户。

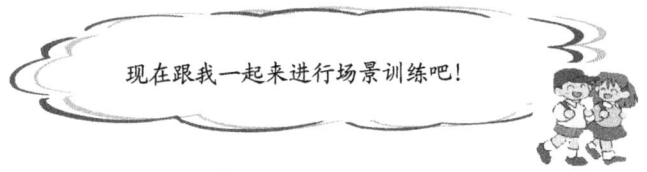

现在跟我一起来进行场景训练吧！

【业务6】 证券投资基金赎回业务训练

模拟角色　柜员、客户郭立。

模拟业务　客户郭立于2014年2月8日要求赎回于2009年5月6日申购的华夏成长基金 50 000 元。

客户资料　姓名：郭立；证件类型：身份证；证件号码：6334231841143 81245；国籍：中国；联系电话：88821352；地址：南岗区东街21号；邮编：610055；借记卡号码：6015656091302912798；华夏成长基金市场代码：003；证券代码：000001。

实训报告　（1）将代理基金赎回申请表（见图6-32）填写完整。

基本资料	申请人名称		申请日期	年 月 日
	基金名称		基金代码	
基金赎回	1. 赎回数量：　　　　份 3. 预约赎回日期：　年 月 日		2. 收费模式：前端（　）后端（　） 4. 巨额赎回处理方式： 　　顺延（　）不顺延（　）	

图 6-32　代理基金赎回申请表

（2）将基金赎回交易界面（见图 6-33）填写完整。随着银行和证券公司合作的不断深入，代理证券业务还应包括 "银证通"、"银证转账" 等证券交易方式。

```
借记卡号：
（理财卡号）
市场代码：           赎回份额：
证券代码：           卡密码：
确认日期：  年  月  日   输入卡号：
确认编号：
巨额赎回标志：
```

图 6-33　基金赎回界面

5．银证通

"银证通"是指在银行业务处理系统与证券公司交易系统相连接的基础上，客户通过银行客户服务中心系统，使用证券公司交易系统进行证券交易，并利用客户的银行卡账户进行资金清算的一种金融服务。

它具有资金安全、存取方便、交易不受场地限制、自动转账，无须办理保证金转账的特点。

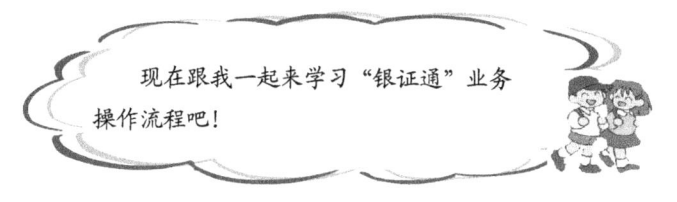

> 现在跟我一起来学习"银证通"业务操作流程吧！

案　例

新股东李静于 2014 年 9 月 2 日要求办理银证通业务。

客户资料　姓名：李静；证件类型：身份证；证件号码：110105670926773；国籍：中国；联系电话：62025643；地址：北京市朝阳区大望路 23 号；邮编：100010。

（1）审核客户提交的有效身份证件、存折（现金）、银证通业务开户申请表、证券交易代理协议书、指定交易协议，无误后交证券公司开办股东卡。

（2）新客户持股东卡要求开办银证通注册业务，如图 6-34 所示。银行柜员通过交易代码为客户办理银证通注册后，客户当日即可通过证券公司的委托电话、网上银行等渠道进行委托交易。

```
                    银证通注册
        电话银行客户编码：95667788
                姓    名：李静
                证件号码：110105670926773
            深圳股东账号：
                券商代码：
            上海股东账号：11000062
                券商代码：2266
        电话银行客户密码：199416
                交易密码：200200
        执行（ √ ）        退出（    ）
```

图 6-34 银证通注册界面

提示

① 证件号码为身份证号码，输入的证件号必须与电话银行开户时的输入格式一致。

② 客户可选择同时开立两个交易所股东账户卡，也可选择只开立其中一个交易所股东账户卡。

（3）客户通过电话、网上银行等途径委托证券公司交割。

知识拓展

若李静为老股东，则她在办理银证通业务时，必须先在原证券公司办理沪市撤销指定交易和深市转托管后，再到银行办理银证通业务。

① 银证通撤销上海股东登记指定，如图 6-35 所示。

```
            银证通撤销上海股东登记指定
        电话银行客户编码：95667788
                券商代码：2266
        电话银行客户密码：199416
        执行（ √ ）否认（    ）退出（    ）
```

图 6-35 银证通撤销上海股东登记指定界面

② 银证通撤销深圳转托管，如图 6-36 所示。

```
            银证通撤销深圳转托管

        电话银行客户编码：95667788
            是否全部：全部（  ）    部分（√）
            委托号：100012221
        执行（ √ ）  否认（   ）    退出（   ）
```

图 6-36 银证通撤销深圳转托管界面

提示 全部转出不输入委托号，部分转出时必须输入委托号。

③ 老股东持身份证、股东卡、活期储蓄存折到银行申请开通银证通业务。老股东提供本人名下的身份证（含复印件）、股东卡（含复印件）、活期储蓄存折，填写银证通委托交易协议书或"银证通"证券保证金服务系统协议书后，即可申请开通此项业务。开通业务同银证通注册。

以上的内容你掌握了吗？现在跟我一起来进行场景训练吧！

【业务7】 银证通注册业务训练

模拟角色　柜员、客户郭立。

模拟业务　老股东郭立于 2014 年 1 月 20 日要求办理银证通业务。

客户资料　姓名：郭立；证件类型：身份证；证件号码：633423184114381245；国籍：中国；联系电话：88821352；地址：南岗区东街 21 号；邮编：610055。

实训报告　（1）银证通撤销上海股东登记指定，如图 6-37 所示。

```
            银证通撤销上海股东登记指定

        电话银行客户编码：
            券商代码：
        电话银行客户密码：
        执行（   ）  否认（   ）    退出（   ）
```

图 6-37 银证通撤销上海股东登记指定界面

(2) 银证通撤销深圳转托管，如图 6-38 所示。

```
          银证通撤销深圳转托管

    电话银行客户编码：
        是否全部：全部（  ） 部分（  ）
        委托号：

    执行（  ）   否认（  ）   退出（  ）
```

图 6-38　银证通撤销深圳转托管界面

(3) 开办银证通注册业务，如图 6-39 所示。

```
    电话银行客户编码：
            姓    名：
            证件号码：
        深圳股东账号：
            券商代码：
        上海股东账号：
            券商代码：
    电话银行客户密码：
            交易密码：
    执行（  ）   否认（  ）   退出（  ）
```

图 6-39　银证通注册业务界面

6．银证转账

"银证转账"是指银行接受证券公司的委托，通过与证券公司进行计算机联网，用储蓄存折（卡），实现股民储蓄账户与证券保证金账户资金双向实时划转。

它必须先进行电话转账后才能进行证券交易，具有方便快捷、安全可靠的特点。

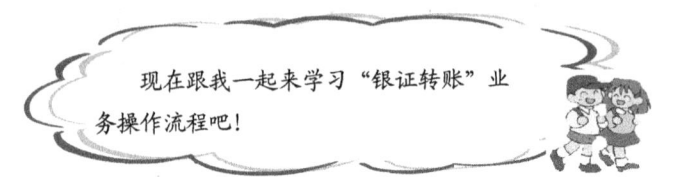

现在跟我一起来学习"银证转账"业务操作流程吧！

案　例

新股东李静于 2014 年 9 月 2 日要求办理银证转账开通业务。

客户资料　姓名：李静；证件类型：身份证；证件号码：110105670926773；国籍：中国；联系电话：62025643；地址：北京市朝阳区大望路 23 号；邮编：

100010。

（1）审核客户提交的有效身份证件、活期存折（卡）、证券股东账户、证券资金账户及填妥的银证资金转账业务协议书。

（2）为客户办理银行证转账开通业务，如图 6-40 所示。储蓄所经办人员对客户提供的资料审查无误后，即可为其办理开通。

```
              银证转账开通业务

   银行账号：1015000091302912348
   姓    名：李静
   账户密码：9999
   证件类型：身份证
   证件号码：110105670926773
   证券资金账号：11100000965065823
   证券资金账号密码：1110
   执行（ √ ）   否认（   ）   退出（   ）
```

图 6-40　银证转账开通业务界面

> **提示**　客户签约的银行账户与证券资金账号必须是一对一的对应关系，如需建立新的对应关系，必须先解除原银证转账对应关系。当开通银证转账时，银行账号登记的身份证号码必须与证券资金账号登记的身份证号码一致。

案　例

股东李静于 2014 年 9 月 5 日要求将活期存折中的 50 000 元资金转入证券资金账户。

（1）客户通过电话委托方式要求将银行活期存款划转到证券资金账户中。

（2）银行进行系统操作，如图 6-41 所示。

```
              银转证业务

   银行账号：1015000091302912348
   账户密码：9999
   交易金额：50000 元
   证件类型：身份证
   证件号码：110105670926773

      执行（ √ ）   否认（   ）   退出（   ）
```

图 6-41　银转证业务界面

> **提示** 银证转账业务常用的方式有电话委托、网上银行、电话银行、驻留委托、自助委托等。

案 例

股东李静于 2014 年 9 月 28 日要求将证券资金账户中的 30 000 元转入银行活期存款账户中。

（1）客户通过电话委托方式要求将证券资金账户中的 30 000 元划转到银行活期存款账户中。

（2）银行进行系统操作，如图 6-42 所示。

```
                    证转银业务
银行账号：10150000913029l2348
账户密码：9999
交易金额：30000 元
证券资金账号：11100000965065823
证券资金账号密码：1110

执行（ √ ）  否认（    ）  退出（    ）
```

图 6-42 证转银业务界面

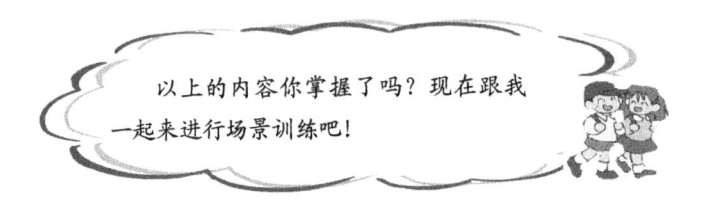

> 以上的内容你掌握了吗？现在跟我一起来进行场景训练吧！

【业务 8】 银证转账开通业务训练

模拟角色　柜员、客户王丹。

模拟业务　新股东王丹于 2014 年 3 月 2 日要求办理银证转账开通业务。

客户资料　姓名：王丹；证件类型：身份证；证件号码：532123148114831542；国籍：中国；联系电话：83611390，地址：关星区南街 11 号；邮编：100055；银行账号：008100009100013；账户密码：8888；证券资金账号：11100000965063211；证券资金账号密码：6666。

实训报告　将银证转账开通业务界面（见图 6-43）填写完整。

```
                  银证转账开通业务
    银行账号：
    姓   名：
    账户密码：
    证件类型：
    证件号码：
    证券资金账号：
    证券资金账号密码：
    执行（  ）   否认（  ）   退出（  ）
```

图 6-43 银证转账开通业务界面

● 【业务 9】 资金划转业务训练

　　模拟角色　柜员、客户王丹。
　　模拟业务　股东王丹于 2014 年 3 月 24 日要求将活期存折中的 30 000 元资金转入
　　　　　　证券资金账户。
　　客户资料　姓名：王丹；证件类型：身份证；证件号码：532123148114831542；
　　　　　　国籍：中国；联系电话：83611390；地址：关星区南街 11 号；邮编：100055；
　　　　　　银行账号：008100009100013；账户密码：8888。
　　实训报告　将银行活期存款划转到证券资金账户，如图 6-44 所示。

```
                     银转证业务
    银行账号：
    账户密码：
    交易金额：
    证件类型：
    证件号码：
    执行（  ）   否认（  ）   退出（  ）
```

图 6-44 银转证业务界面

● 【业务 10】 资金划转业务训练

　　模拟角色　柜员、客户王丹。
　　模拟业务　股东王丹于 2014 年 4 月 30 日要求将证券资金账户中的 60 000 元转入
　　　　　　银行活期存款账户中。
　　客户资料　姓名：王丹；证件类型：身份证；证件号码：532123148114831542；国
　　　　　　籍：中国；联系电话：83611390；地址：关星区南街 11 号；邮编：100055；
　　　　　　银行账号：008100009100013；账户密码：8888；证券资金账号：
　　　　　　1110000965063211；证券资金账号密码：6666。
　　实训报告　将证券资金划转到银行活期存款账户，如图 6-45 所示。

```
                    证转银业务
   银行账号：
   账户密码：
   交易金额：
   证券资金账号：
   证券资金账号密码：
   执行（   ）   否认（   ）   退出（   ）
```

图6-45 证转银业务界面

单元4 代理保险业务操作

[训练目标]

通过本单元的练习，了解代理保险业务操作流程；掌握代理保险业务操作要点；学会办理保险业务。

> 您好，您办理什么业务？

> 我想给我女儿购买2份儿童意外伤害险……

代理保险业务是指银行接受保险公司的委托，以兼业代理人的身份代为办理财产保险和人身保险等保险业务，并向保险公司收取代理手续费的一项中间业务。

目前，银行代理保险业务不仅包括代收保险费、代付保险费、代理销售保险产品等传统业务，而且还涉及协议存款、资金网络结算、保单质押贷款等新业务领域。但银行在其代办险种的范围内，一旦保险标的遭受损失，应由保险公司予以赔偿，代理银行不承担经济责任。

银行只有与委托代理的保险公司签订《保险代理合同书》，才能建立正式的业务代理关系，这是银行开办代理保险业务的前提。

代收保险费业务处理

> 现在跟我一起来学习"银行代收保险费"业务操作流程吧！

案 例

客户琴锡练于 2014 年 2 月 5 日交来活期存折，要求购买 2 份总金额 2 000 元的新华人寿保险。

客户资料　姓名：琴锡练；证件类型：身份证；证件号码：982202148114831543；
　　　　　国籍：中国；联系电话：35400390；地址：北京市顺义区爱国路 28 号；
　　　　　邮编：100099；凭证号码：11100001。

（1）审核客户提交的有效身份证件、人寿保险费委托代收授权书。

（2）审核客户递交的活期一本通及填写的取款凭条，如图 6-46 所示。

储蓄取款凭条

科目：（借）　　　　2014 年 2 月 5 日　　　交易代码：

客户填写	储种：活期 □　　活期一本通 □　　定期一本通 □　　存本 □　　整零 □　　其他_____									
	户名：琴锡练	千	百	十	万	千	百	十	元	角	分
	账号：006091029100010										
	定期一本通序号 11100001					2	0	0	0	0	0
	币种 RMB　钞 □　　汇 □　　假汇 □										
银行填写											

存款人对上述银行记录确认无误后签名_____　事后监督　　复核（授权）　　柜员

图 6-46　储蓄取款凭条

（3）柜员进行客户签约维护系统操作，如图 6-47 所示。

```
                    客户签约维护
保险公司：新华人寿保险公司
险种：人寿险
保单号：06458921
证件类型：身份证　　　证件号码：982202148114831543
投保人姓名：琴锡练　　投保人性别：男
投保人出生日期：1955 年 3 月 4 日
学历：大学
职业：教师　　　　　　月收入：5000 元
工作单位：解放军陆军学院
投保人家庭联系电话：35400390
投保人单位联系电话：35400001
投保人通讯地址：北京市顺义区爱国路 28 号
投保人邮政编码：100099
投保人电子邮箱：qinxilian@sina.com
缴费形式：活期存折扣缴
代发代扣标志：
账号：006091029100010　　账号密码：676767
保险单印刷号：100318060357987
执行（ √ ）　否认（ 　）　退出（ 　）
```

图 6-47　客户签约维护界面

（4）柜员进行保险投保开户业务操作，如图6-48所示。

```
                    新华保险投保开户
投保单证号：06458921
保险单印刷号：100318060357987      校验保险单印刷号：
投保人姓名：琴锡练
证件类型：身份证              证件号码：982202148114831543
被保险人姓名：琴锡练
缴费形式：趸缴
保险责任期间：3 年
保险份数：2 份
保障金总额：2000 元
投保人联系电话：35400390
投保人通讯地址：北京市顺义区爱国路 28 号

执行（ √ ）  否认（   ）  退出（   ）
```

图 6-48　新华保险投保开户界面

> **提示**
> 客户保险缴费的方式可选择趸缴（一次性）和分期缴两种方式。
> 趸缴，即一次性付清保费。优点在于手续简单，缺点则是一般的投保人承担不起。分期缴，按照保险合同的约定有年缴或季缴、月缴等方式。缴费期越长，其分摊在每年中的保险费用自然越少。
> 银行划款给保险公司时，通常采用系统内部主机自动批量划款方式进行。

（5）打印一式五联的保险费收据及活期一本通存折并加盖业务公章、名章。
（6）将保险单正本、收费凭证客户联、有效身份证、活期存折交客户。

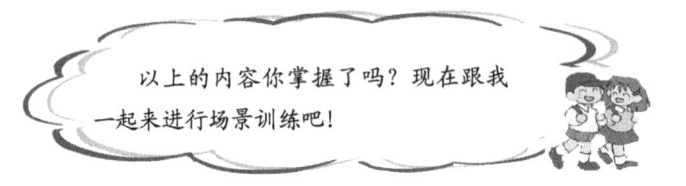

以上的内容你掌握了吗？现在跟我一起来进行场景训练吧！

【业务】　银行代收保险费业务训练

模拟角色　柜员、客户王丹。

模拟业务　客户王丹于 2014 年 3 月 4 日交来活期存折，要求购买 2 份总金额 3 000 元的华泰人寿保险。

客户资料　姓名：王丹；证件类型：身份证；证件号码：532123148114831542；

国籍：中国；联系电话：83611390；地址：关星区南街 11 号；邮编：100055；银行账号：008100009100013；账户密码：8888；定期一本通序号：10001101；保单号：00231133001；保险单印刷号：100318060896532；投保单证号：09987110。

实训报告　　（1）填写活期储蓄取款凭条，如图 6-49 所示。

储蓄取款凭条

科目：（借）　　　　　　　年　月　日　　交易代码：

客户填写	储种：活期 □　　活期一本通 □　　定期一本通 □　　存本 □　　整零 □　　其他 _____									
	户名：	千	百	十	万	千	百	十	元	角	分
	账号：										
	定期一本通序号：										
	币种 □　　钞 □　　汇 □　　假汇 □										
银行填写											

存款人对上述银行记录确认无误后签名_____　　事后监督　　　　复核（授权）　　　　柜员

图 6-49　储蓄取款凭条

（2）完成客户签约维护系统操作，如图 6-50 所示。

```
                     客户签约维护
  保险公司：
  险种：
  保单号：
  证件类型：              证件号码：
  投保人姓名：            投保人性别：
  投保人出生日期：   年   月   日
  学历：
  职业：                 月收入：        元
  工作单位：
  投保人家庭联系电话：
  投保人单位联系电话：
  投保人通讯地址：
  投保人邮政编码：
  投保人电子邮箱：
  缴费形式：
  代发代扣标志：
  账号：          账号密码：
  保险单印刷号：
  执行（　）  否认（　）  退出（　）
```

图 6-50　客户签约维护界面

（3）完成保险投保开户业务操作，如图 6-51 所示。

```
                        华泰保险投保开户

        投保单证号：
        保险单印刷号：            校验保险单印刷号：
        投保人姓名：
        证件类型：                证件号码：
        被保险人姓名：
        缴费形式：
        保险责任期间：    年
        保险份数：        份
        保障金总额：      元
        投保人联系电话：
        投保人通讯地址：

        执行（   ）    否认（   ）    退出（   ）
```

图 6-51　华泰保险投保开户界面

单元 5　代理外汇买卖业务操作

[训练目标]

通过本单元的练习，了解代理个人外汇买卖业务操作流程；掌握代理个人外汇买卖业务操作要点；学会办理个人外汇买卖业务。

> 您好，您办理什么业务？

> 用人民币兑换 2 000 美元……

银行外汇买卖业务，是指客户在规定的交易时间内，通过银行外汇买卖交易系统（包括柜台、自助终端、电话银行及网上银行等），进行不同币种外汇之间的即期外汇买卖。

现仅以柜台服务为例介绍银行如何代理境内个人外汇买卖业务。

代理人民币兑换外币业务处理

现在跟我一起来学习"代理外汇买卖"业务操作流程吧!

案 例

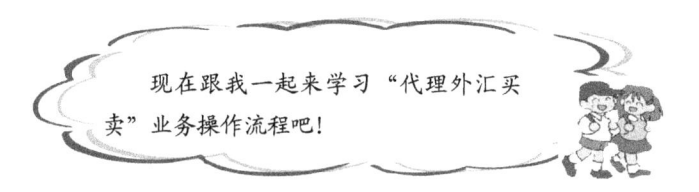

客户琴锡练于 2014 年 1 月 3 日要求将活期一本通中的人民币 3 031.55 元兑换成美元。

客户资料　姓名:琴锡练;证件类型:身份证;证件号码:982202148114831543;
　　　　　国籍:中国;联系电话:35400390;地址:北京市顺义区爱国路 28 号;
　　　　　邮编:100099;凭证号码:11100001。

(1) 审核客户提交的有效身份证件、活期存折及填妥的个人外汇买卖申请书,如图 6-52 所示。柜员审核个人外汇买卖申请书中各要素填写是否完整、准确。申请人姓名、身份证号与提供的有效证件是否一致。无误后点收现金。

个人外汇买卖申请书

日　　期:2014 年 1 月 3 日
申请人姓名:琴锡练
证件类型:身份证　　　　证件号码:982202148114831543
地　　址:北京市顺义区爱国路 28 号
户　　名:琴锡练
账　　号:006091029100010　账号密码:676767
现　　金:
卖出币种:美元　　　　　卖出金额:
买入币种:人民币　　　　买入金额:3 031.55 元
汇　　率:606.31%　　　交易方式:实时

图 6-52　个人外汇买卖申请书

提示

2014 年 1 月 3 日中国银行外汇牌价

货币	外币单位	汇买价	卖出价	钞买价
美元(USD)	100	603.89	606.31	599.05

(2) 进行系统操作,刷读活期存折。
(3) 进入个人外汇买卖交易系统,输入有关事项,如图 6-53 所示。

```
                        对私结售汇
    买卖种类：售汇              反向冲销：否
    交易类别：转账—转账          质押钞汇强制平仓：
    支取卡折标志：              钞汇鉴别：
    存入卡折标志：              外币账号：
    支取币别：人民币            人民币账号：006091029100010
    支取金额：3 031.55 元        存入比别：美元
    汇价确定方式：牌价          存入金额：
    成交汇率：606.31%           浮动幅度：
    统计代号：
    人民币核销号码：            外币核销号码：
    支取密码：676767            交易业务编码：
    摘要代码：0341 售汇          存折册号：
    备注：售汇                  是否个人购回：是
    凭证种类：兑换水单
    水单编号：990001101         购汇编号：
    笔号：                      存单存折印刷号：
```

图 6-53 对私结售汇界面

（4）打印外汇买卖证实书，如图 6-54 所示。外汇买卖成交后，打印外汇买卖证实书一式两联。

```
                    外汇买卖证实书
    售出金额：500 美元
    汇  率：606.31%
    结算日期：2014 年 1 月 3 日
                                        客户签字：琴锡练

    经办人         复核人
```

图 6-54 外汇买卖证实书

（5）交易完成后，将有效身份证件、存折及一联外汇买卖证实书退还客户。

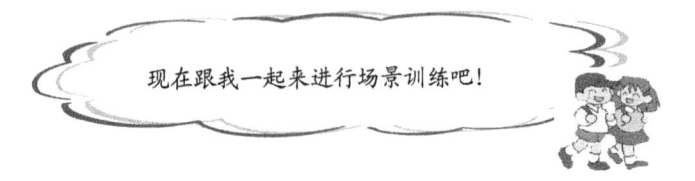

现在跟我一起来进行场景训练吧！

【业务1】 代理人民币兑换外币业务

模拟角色 柜员、客户王丹。

模拟业务 客户王丹于 2014 年 2 月 9 日交来现钞 5 000 元，要求兑换美元。

客户资料 姓名：王丹；证件类型：身份证；证件号码：532123148114831542；国籍：中国；联系电话：83611390，地址：关星区南街11号；邮编：100055；凭证号码：11100002。

实训报告 （1）填写个人外汇买卖申请书，如图6-55所示。

```
                        个人外汇买卖申请书

    日    期：    年    月    日
    申请人姓名：
    证件类型：                    证件号码：
    地    址：
    户    名：
    账    号：                    账号密码：
    现    金：
    卖出币种：                    卖出金额：
    买入币种：                    买入金额：    元
    汇    率：                    交易方式：
```

图6-55　个人外汇买卖申请书

（2）进入"个人外汇买卖"交易系统，录入有关事项，如图6-56所示。

```
                            对私结售汇

    买卖种类：                    反向冲销：
    交易类别：                    质押钞汇强制平仓：
    支取卡折标志：                钞汇鉴别：
    存入卡折标志：                外币账号：
        支取币别：                    人民币账号：
        支取金额：                    存入币别：
        汇价确定方式：                存入金额：
        成交汇率：                    浮动幅度：
        统计代号：
        人民币核销号码：              外币核销号码：
    支取密码：                    交易业务编码：
    摘要代码：                    存折册号：
    备注：售汇                    是否个人购回：
    凭证种类：
    水单编号：                    购汇编号：
    笔号：                        存单存折印刷号：
```

图6-56　对私结售汇界面

177

（3）打印外汇买卖证实书，如图 6-57 所示。外汇买卖成交后，打印外汇买卖证实书一式两联。

外汇买卖证实书

售出金额：

汇　率：

结算日期：　年　月　日

客户签字：

经办人　　　　复核人

图 6-57　外汇买卖证实书

模块 7 支付结算柜台处理训练

支付结算是结算客户之间由于商品交易、劳务供应等经济活动而产生的债权债务关系，通过银行实现资金转移而完成的结算过程。

支付这种源于银行客户之间的经济活动，由于银行"信用"中介的结果，演化为银行与客户、银行客户的开户银行之间的资金收付关系。因此，银行在办理结算和支付中，必须通过账户或有关货币当地清算系统，以清讫双边或多边债权债务。

本模块主要介绍结算业务基本规定及业务流程，以及在结算业务资金清算中，银行临柜柜员、联行柜员、交换柜员、督察柜员等的相关业务操作流程及操作要点。通过训练能够了解相关业务的办理：

◆ 结算业务基本规定。
◆ 辖内业务操作。
◆ 同城业务操作。

单元 1 结算业务基本规定

（请扫描二维码观看本单元原图）

[训练目标]

通过本单元的练习，了解支付结算工具、基本原则以及相关业务规定。

支付结算是指单位、个人在社会经济活动中使用票据（支票、银行本票、银行汇票、商业汇票）、信用卡、汇兑、委托收款、托收承付等结算方式进行货币给付及其资金清算的行为。

1. 支付结算工具

票据和结算凭证是办理支付结算的工具。单位、个人和银行办理支付结算，必须使用按中国人民银行统一规定印制的票据凭证和统一规定的结算凭证。

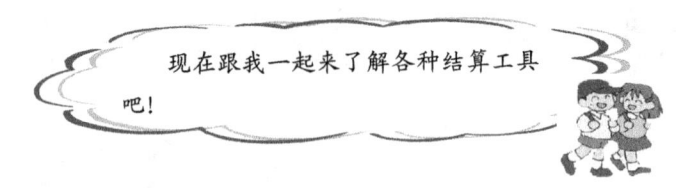

> 现在跟我一起来了解各种结算工具吧！

（1）支票。

支票是出票人签发的，委托其开户银行在见票时无条件支付确定金额给收款人或者持票人的票据。

支票分为转账支票、现金支票、普通支票。

支票上印有"现金"字样的为现金支票，现金支票只能用于支取现金；支票上印有"转账"字样的为转账支票，转账支票只能用于转账，不能用于支取现金；支票上未印有"现金"或"转账"字样的为普通支票，普通支票可以用于支取现金，也可以用于转账；在普通支票左上角划两条平行线的，为划线支票，划线支票只能用于转账，不能支取现金。支票票面如图7-1所示。

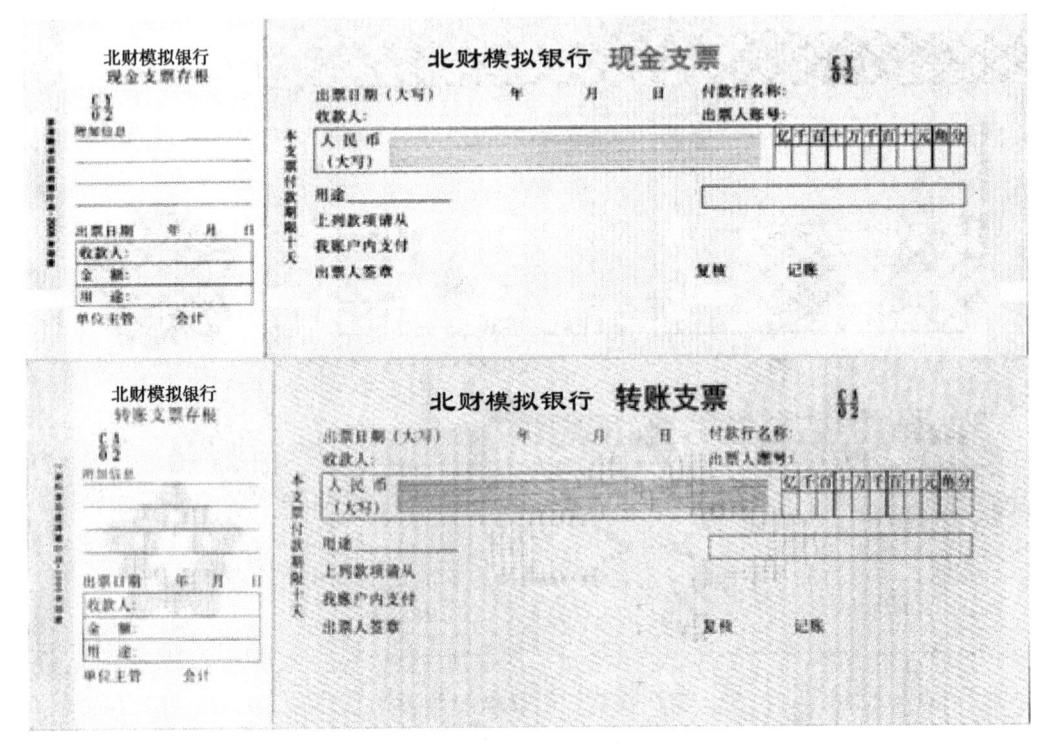

图7-1 支票票面

提示

支票签发相关规定：

① 签发支票必须记载下列事项：表明"支票"的字样；无条件支付的委托、确定的金额、付款人名称、出票日期、出票人签章。

欠缺记载上列事项之一的支票无效。

② 签发支票应使用碳素墨水笔填写或打印。

③ 签发现金支票和用于支取现金的普通支票，必须符合国家现金管理的规定。

④ 出票人不得签发空头支票、签章与预留银行签章不符的支票、使用支付密码地区，支付密码错误的支票，否则银行予以退票并上报当地人民银行，人民银行核实后按票面金额处以5%不低于1000元的罚款；持票人有权要求出票人赔偿支票金额的2%的赔偿金。对屡次签发的，银行将停止其签发支票。

（2）银行本票。

银行本票是银行签发的，承诺自己在见票时无条件支付确定金额给收款人或者持票人的票据。

单位和个人在同一票据交换区域需要支付各种款项，均可以使用银行本票。

银行本票分为不定额本票和定额本票。定额本票面额为1000元、5000元、1万元和5万元。银行本票票面如图7-2所示。

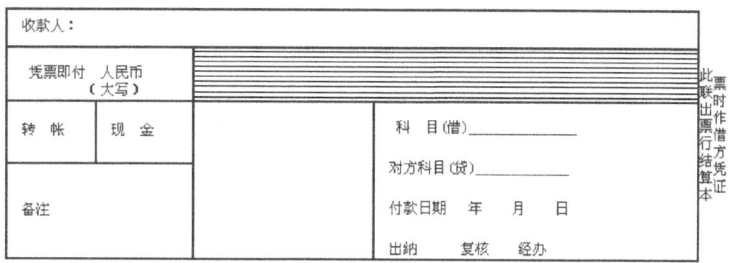

图7-2 银行本票票面

提示

银行本票申请书一式三联：第一联为申请人存根；
第二联为银行的借方凭证，交现金办理本票的，第二联注销；
第三联为银行的贷方凭证。

(3) 银行汇票。

银行汇票是出票银行签发的,由其在见票时按照实际结算金额无条件支付给收款人或者持票人的票据。银行汇票的出票银行为银行汇票的付款人。银行汇票的提示付款期自出票日起 1 个月。

银行汇票上写明"现金"字样的汇票可以支取现金,但申请人或者收款人是单位的,不得在"银行汇票申请书"上填"现金"字样。

银行汇票签发的业务操作流程为:签发录入、签发复核、签发授权、汇票打印、汇票加押、出票。

银行汇票票面如图 7-3 所示。

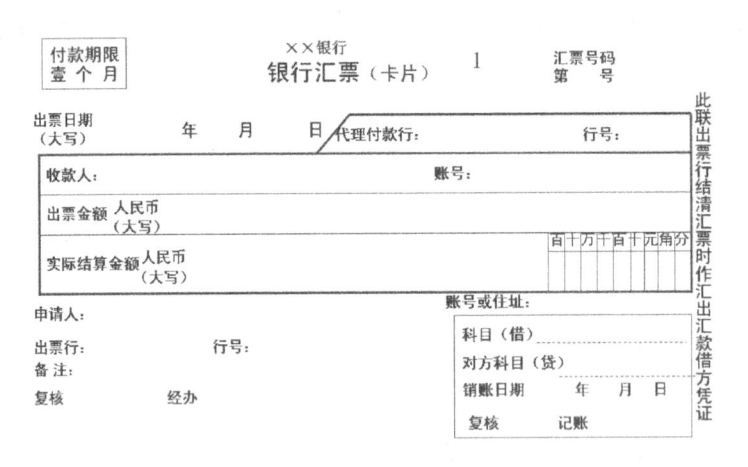

图 7-3　银行汇票票面

> **提示**　全国银行汇票打印一式四联。第一、第二联加盖柜员名章,第二联加盖汇票专用章后,第一、第四联专夹保管,出票行结清时分别作汇出汇款借方凭证和多余款回执;第二联汇票、第三联解讫通知,经审核无误后一并交申请人。

(4) 商业汇票。

商业汇票是出票人签发的,委托付款人在指定日期无条件支付确定的金额给收款人或持票人的票据。

商业汇票按承兑人的不同分为商业承兑汇票和银行承兑汇票。其中,银行承兑汇票是在承兑银行开立账户的存款人签发的,由其开户银行承兑付款。

商业汇票的收、付款人必须是在银行开立存款账户的法人或其他组织,在同城或异地均可使用。商业汇票只能转账,不能支取现金。

商业汇票的付款期限自出票日开始计算,分电子票和纸制票,纸制票最长为 6 个月,电子票最长为 1 年。商业汇票的提示付款期限,自汇票到期日起 10 日。持票人应在提示付款期限内通过开户银行委托收款或直接向付款人提示付款。对异地委托收款的,持票人可匡算邮程，提前通过开户银行委托收款。持票人超过提示付款期限提示付款的，持票人开户银行不予受理。

商业汇票票面如图 7-4 所示。

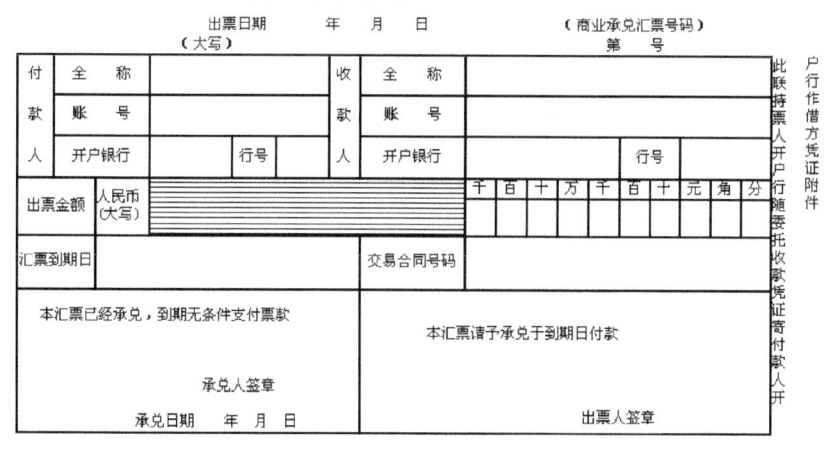

图 7-4 商业汇票票面

> **提示**　商业汇票一式三联，第一联由承兑人留存，第二联由持票人开户行随委托收款凭证寄付款人开户行作借方凭证附件，第三联由出票人查存。

（5）汇兑。

汇兑是汇款人委托银行将其款项支付给收款人的结算方式。汇兑分为信汇和电汇两种，单位和个人的各种款项结算，均可使用汇兑结算方式。银行信汇凭证票面和银行电汇凭证票面分别如图 7-5 和图 7-6 所示。

银行信汇凭证（借方凭证） 2　　第　　号

委托日期　　年　　月　　日

汇款人	全称		收款人	全称		此单汇出用作汇方凭证
	账号或住址			账号或住址		
	汇出地点	省　市县　汇出行名称		汇入地点	省　市县　汇入行名称	
金额	人民币（大写）				千百十万千百十元角分	
汇款用途：				科目（借）＿＿＿＿		
				对方科目（贷）＿＿＿＿		
上列款项请在本人账户内支付，并按照汇兑结算规定汇给收款人。				汇出行汇出日期　年　月　日		
汇款人盖章				审核　复核　记账		

图 7-5　银行信汇凭证票面

提示

信汇凭证一式四联：第一联为回单，第二联为借方凭证，第三联为贷方凭证，第四联为收账通知或取款收据。

商业银行电汇凭证(借方凭证)　　　　NO：

委托日期　　年　　月　　日

汇款人	全称		收款人	全称		此联汇出行作借方凭证
	账号或地址			账号或地址		
	汇出地点	省　市县　汇出行名称		汇入地点	县　省　市　汇入行名称	
金额	人民币（大写）				千百十万千百十元角分	
汇款用途				科目(借)＿＿＿＿		
上列款项已根据委托办理，如需查询，请持此会单来行面洽.				以方科目(贷)＿＿＿＿		
支付密码：				汇出行汇出日期　年　月　日		
				复核　记账		

图 7-6　银行电汇凭证票面

提示

电汇凭证一式三联：第一联为回单，第二联为借方凭证，第三联为发电依据。

（6）委托收款。

委托收款是收款人委托银行向付款人收取款项的一种结算方式。单位和个人凭已承兑的商业汇票、债券、存单、国内信用证等付款人债务证明办理款项的结算，均可以使用委托收款结算方式。

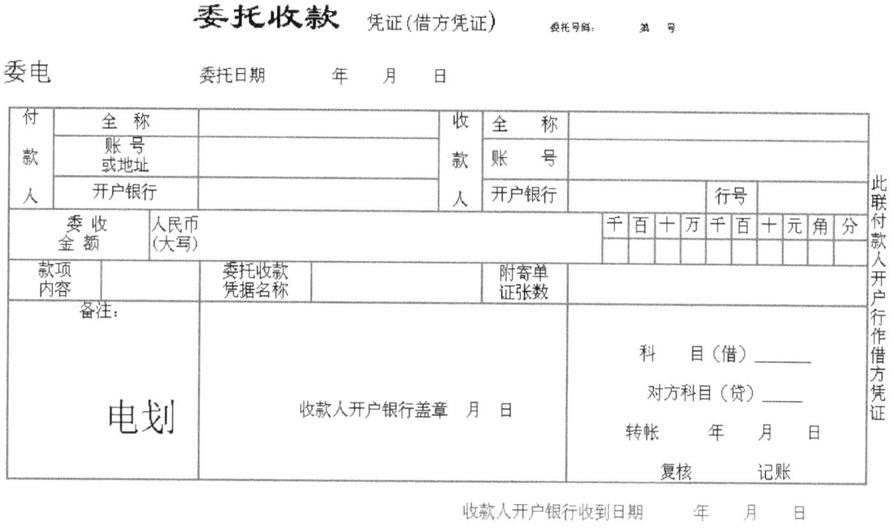
委托收款　凭证（借方凭证）　委托号码：　第　号
委电　委托日期　年　月　日
付款人：全称；账号或地址；开户银行
收款人：全称；账号；开户银行；行号
委收金额　人民币（大写）　千 百 十 万 千 百 十 元 角 分
款项内容　委托收款凭据名称　附寄单证张数
备注：
电划
收款人开户银行盖章　月　日
科　目（借）______
对方科目（贷）_____
转帐　年　月　日
复核　记账
此联付款人开户行作借方凭证
收款人开户银行收到日期　年　月　日

图 7-7　委托收款凭证票面

提示

委托收款结算凭证一式五联：

第一联为回单，由收款人开户银行给收款人作回单。

第二联为贷方凭证，收款人开户银行作贷方凭证。

第三联为借方凭证，付款人开户银行作借方凭证。

第四联为收账通知，邮划委托收款凭证收款人开户银行在款项收妥后给收款人的收账通知，电划委托收款凭证付款人开户银行凭以拍发电报。

第五联为付款通知，付款人开户银行给付款人按期付款的通知。

（7）托收承付。

托收承付是根据购销合同由收款人发货后委托银行向异地付款人收取款项，由付款人向银行承认付款的结算方式。托收承付结算每笔的金额起点为 1 万元。新华书店系统每笔的金额起点为 1000 元。托收承付结算款项的划回方法，分邮寄和电报两种，由收款人选用。托收凭证票面如图 7-8 所示。

图 7-8　托收凭证票面

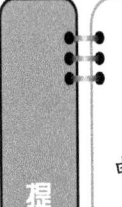

> 托收承付结算采用一式五联凭证：
> 第一联为回单，是收款人开户行给收款人的回单。
> 第二联为贷方凭证，邮划托收承付凭证是收款人开户行的贷方凭证；电划托收承付凭证是收款人委托开户行办理托收款项后作贷方凭证。
> 第三联为借方凭证，是付款人开户行的借方凭证。
> 第四联为收账通知，邮划托收承付凭证是收款人开户行在款项收妥后给收款人的收账通知；电划托收承付凭证是付款人开户行凭以拍发电报的凭证。
> 第五联为承付通知，是付款人开户行通知付款人按期承付货款的通知。

单元 2　辖内业务操作

[训练目标]

通过本单元的练习，了解辖内现金通存通兑、辖内转账通存通兑业务操作流程；掌握相应的业务操作要点。

辖内通存是客户在提出行（业务行）办理存款业务，提入行（账务行）同步入账的一种结算业务。凡在同一分行的各个营业网点（支行）开有存款账户的企业、事业、机关、部队、社会团体和个体工商户等，都可以通过辖内通存通兑方式办理业务，具体包括现金通存、现金通兑、转账通存、转账通兑，下面一一进行练习。

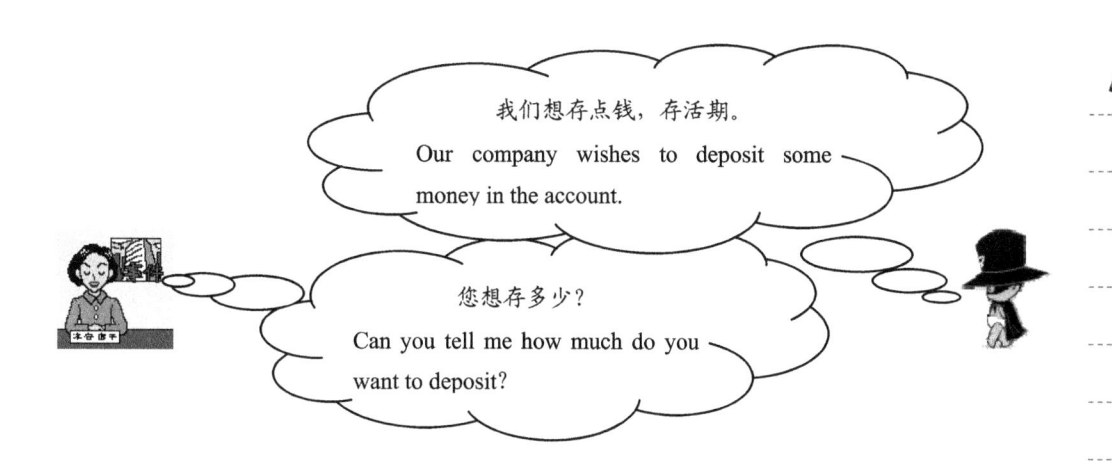

我们想存点钱，存活期。
Our company wishes to deposit some money in the account.

您想存多少？
Can you tell me how much do you want to deposit?

1. 辖内现金通存业务实训

现金通存是指我行客户在其开户行以外的我行其他网点办理现金缴存。使用该交易可实现辖内现金通存业务，即客户可在银行任一联网网点进行现金通存，交易完成后即时入账。此项业务，往往需要由临柜和督察（或业务主管）两名柜员共同完成，临柜柜员进行相应录入，督察柜员进行复核。

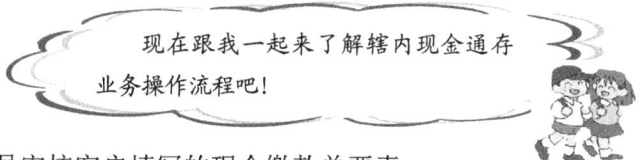

现在跟我一起来了解辖内现金通存业务操作流程吧！

（1）临柜柜员审核客户填写的现金缴款单要素。

对公账户现金存入，需存款人填写"现金缴款单"，连同现金一并交临柜柜员。

（2）临柜柜员点收现金。

现金收入，需当面点清，一笔一清，仍按"三先三后"程序操作。

（3）临柜柜员进行系统操作。

审核凭条并清点现金无误后，在主界面下选择：结算业务—辖内通存—辖内现金通存录入，进入辖内现金通存录入界面，如图7-9所示。

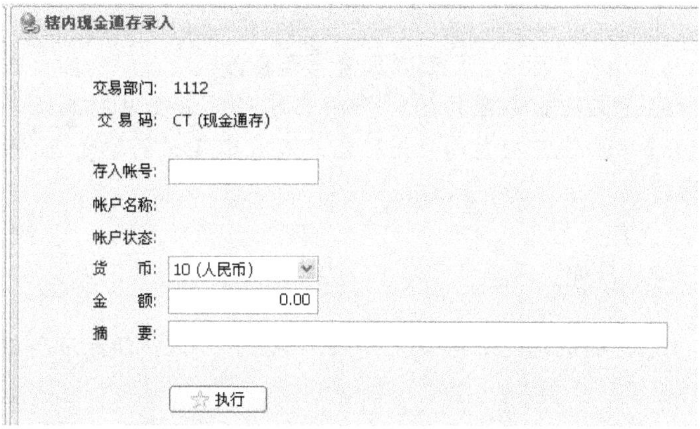

图7-9 辖内现金通存录入界面

> **提示**
> "存入账号"为在银行任一网点开户的对公存款账户,根据客户填写的现金缴款单录入,回车后自动显示该账号对应户名和账户状态。

(4) 换人复核。

在临柜柜员进行完辖内现金通存录入系统操作后,必须换由督察柜员(或业务主管)对辖内现金通存录入业务进行复核系统操作,即在主界面下选择:结算业务—辖内通存—辖内现金通存复核,进入辖内现金通存复核界面,如图7-10所示。

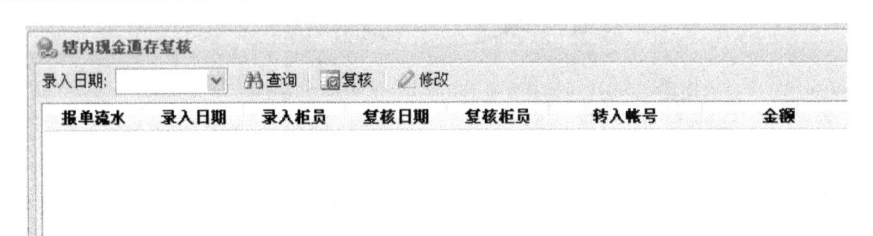

图7-10 辖内现金通存复核界面

> **提示**
> ① 当辖内通存业务复核完成并发现错误时,要进行联行错账调整处理,重新录入错账交易并复核,金额处录入等额负数即可。
> ② 进行联行错账调整处理,必须在所通存金额未被使用的情况下进行,即转入账户余额大于等于调账金额。
> ③ 联行错账调整要起红字报单。

知识拓展

辖内现金通存查询

进行通存录入业务操作的临柜柜员可利用该交易对本网点自己所录入的现金通存业务进行查询,并对已录入且未复核的现金通存业务进行修改或删除。

> **提示**
> 已复核的通存业务发生错误不能修改,只能进行联行错账调整处理。

2. 辖内现金通兑业务实训

现金通兑是客户签发的银行现金支票，在开户行以外的同行网点（代理行）取现业务。使用该交易可实现辖内现金通兑业务，即客户可在银行任一联网网点进行现金通兑，交易完成后即时入账。此项业务，往往需要由临柜和督察（或业务主管）两名柜员共同完成，临柜柜员进行相应录入，督察柜员进行复核。

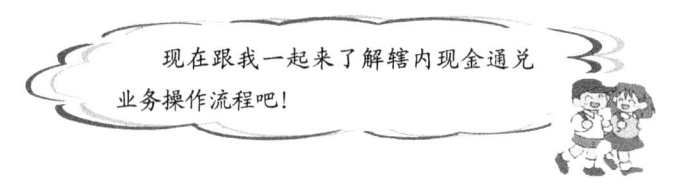

> 现在跟我一起来了解辖内现金通兑业务操作流程吧！

（1）临柜柜员审核客户填写的现金支票要素。

对公账户现金支取，需存款人填写现金支票交临柜柜员。

（2）临柜柜员进行系统操作。

审核支票无误后，在主界面下选择：结算业务—辖内通兑—辖内现金通兑录入，进入辖内现金通兑录入界面，如图7-11所示。

图 7-11 辖内现金通兑录入界面

> **提示**　"付款人账号"为在银行任一网点开户的对公存款账户，根据客户填写的现金缴款单录入，回车后自动显示该账号对应户名和账户状态。

（3）换人复核。

在临柜柜员进行完辖内现金通兑录入系统操作后，必须换由督察柜员（或业务主管）对辖内现金通兑录入业务进行复核系统操作，即在主界面下选择：结算业务—辖内通兑—辖内现金通兑复核，进入辖内现金通兑复核界面，如图7-12所示。

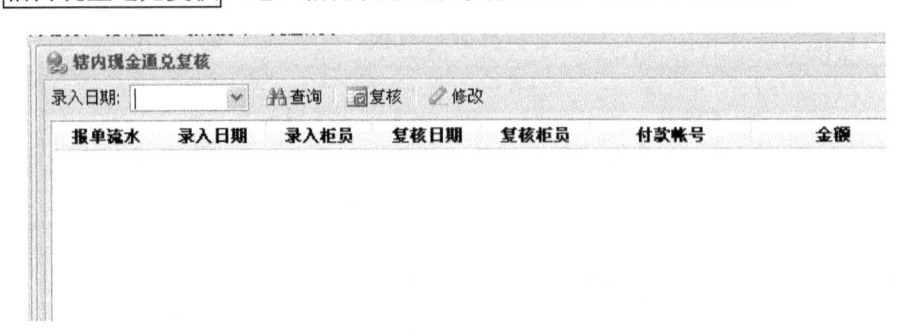

图7-12　辖内现金通兑复核界面

提示
① 当辖内通兑业务复核完成并发现错误时，要进行联行错账调整处理，重新录入错账交易并复核，金额处录入等额负数即可。
② 进行联行错账调整处理，必须在所通兑金额未被使用的情况下进行，即转入账户余额大于等于调账金额。
③ 联行错账调整要起红字报单。

知识拓展

辖内现金通兑查询
进行通兑录入业务操作的临柜柜员可利用该交易对本网点自己所录入的现金通兑业务进行查询，并对已录入且未复核的现金通兑业务进行修改或删除。

提示
已复核的通兑业务发生错误不能修改，只能进行联行错账调整处理。

3. 辖内转账通存业务实训

转账通存是客户在其开户行以外的同行其他网点办理支票转账存款。使用该交易可实现辖内转账通存业务，即收付款人为银行不同网点对公客户，付款人持转账支票在本开户网点办理通存业务，该支票不通过交换，在网点直接审核，交易成功后，即时入收款人账户。此项业务，往往需要由临柜和督察（或业务主管）两名柜员共同完成，临柜柜员进行相应录入，督察柜员进行复核。

现在跟我一起来了解辖内转账通存业务操作流程吧！

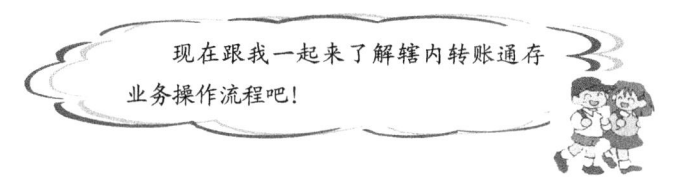

（1）临柜柜员审核客户提交的转账支票要素。

对公账户转账支取，需存款人提交转账支票等凭证交临柜柜员。

（2）临柜柜员进行系统操作。

审核支票无误后，在主界面下选择：结算业务—辖内转账通存—辖内转账通存录入，进入辖内转账通存录入界面，如图7-13所示。

图7-13 辖内转账通存录入界面

提示

① "转出账号"为付款人付款账号，转出账户必须是本部门一般活期或临时存款账户。

② "转入账号"为收款人存款账号，必须是银行非本部门一般活期或临时存款账户。录入后回车，显示转入户名和账户状态。

③ "凭证类别"包括转账支票、信汇电汇等。

（3）换人复核。

在临柜柜员进行完辖内转账通存录入系统操作后，必须换由督察柜员（或业务主管）对辖内转账通存录入业务进行复核系统操作，即在主界面下选择：结算业务—辖内转账通存—辖内转账通存复核，进入辖内转账通存复核界面，如图7-14所示。

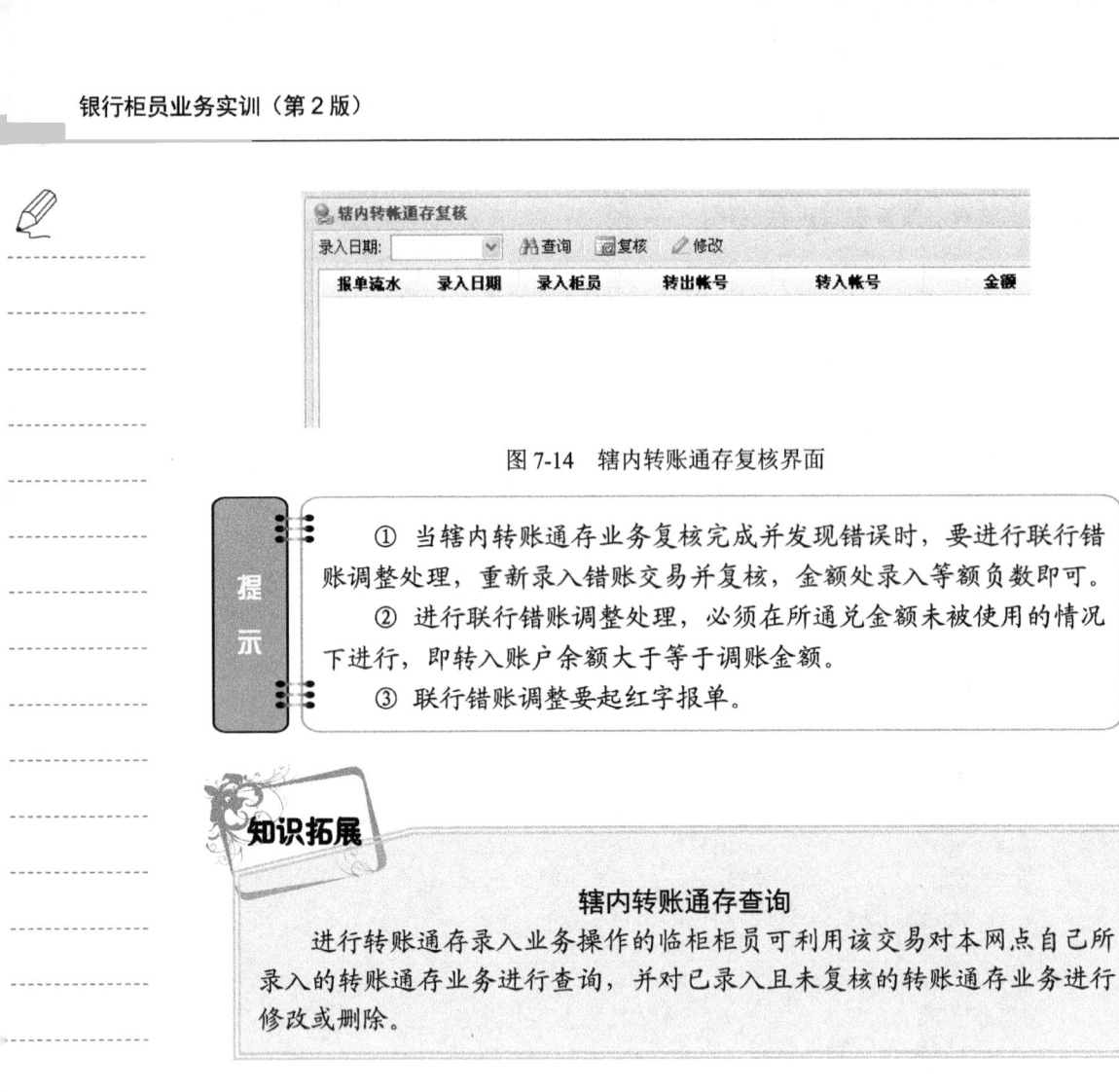

图 7-14　辖内转账通存复核界面

提示
① 当辖内转账通存业务复核完成并发现错误时,要进行联行错账调整处理,重新录入错账交易并复核,金额处录入等额负数即可。
② 进行联行错账调整处理,必须在所通兑金额未被使用的情况下进行,即转入账户余额大于等于调账金额。
③ 联行错账调整要起红字报单。

知识拓展

辖内转账通存查询
进行转账通存录入业务操作的临柜柜员可利用该交易对本网点自己所录入的转账通存业务进行查询,并对已录入且未复核的转账通存业务进行修改或删除。

提示
已复核的转账通存业务发生错误不能修改,只能进行联行错账调整处理。

4. 辖内转账通兑业务实训

转账通兑是客户签发的转账支票,在其开户行以外的同行其他网点办理转账付款业务。使用该交易可实现辖内转账通兑业务,即收付款人为银行不同网点对公客户,收款人持转账支票在本开户网点办理通兑业务,该支票不通过交换,在网点直接审核,交易成功后,即时扣付款人账户。此项业务,往往需要由临柜和督察(或业务主管)两名柜员共同完成,临柜柜员进行相应录入,督察柜员进行复核。

现在跟我一起来了解辖内转账通兑业务操作流程吧!

（1）临柜柜员审核客户提交的转账支票要素。

对公账户转账支取，需存款人提交转账支票交临柜柜员。

（2）临柜柜员进行系统操作。

审核支票无误后，在主界面下选择：结算业务—辖内通兑业务—转账通兑录入，进入辖内转账通兑录入界面，如图7-15所示。

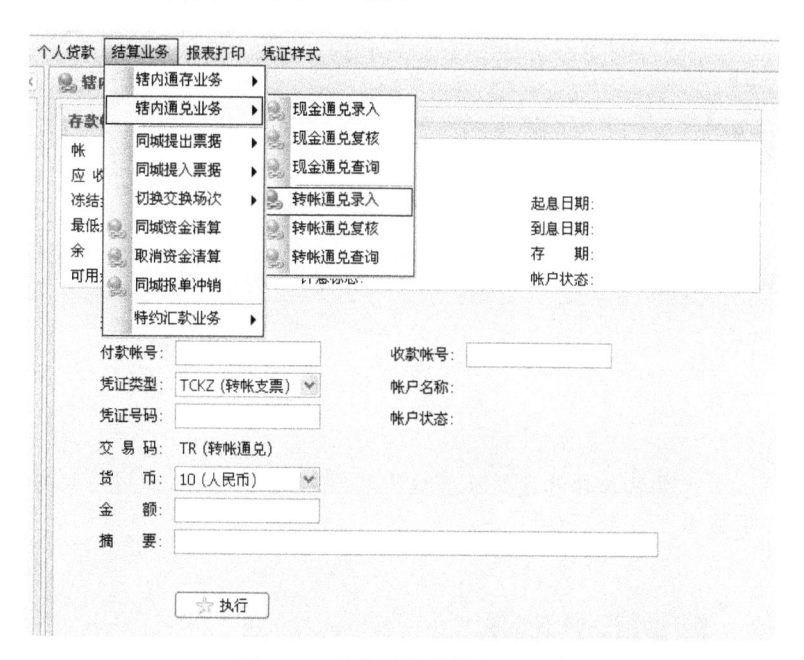

图7-15 辖内转账通兑录入界面

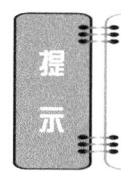

> **提示**
> ①"付款人账号"必须是银行非本部门一般活期或临时存款账户；
> ②"收款人账号"必须是银行本部门一般活期或临时存款账户，录入后回车，显示转入户名和账户状态。

（3）换人复核。

在临柜柜员进行完辖内转账通兑录入系统操作后，必须换由督察柜员（或业务主管）对辖内转账通兑录入业务进行复核系统操作，即在主界面下选择：结算业务—辖内通兑业务—转账通兑复核，进入辖内转账通兑复核界面，如图7-16所示。

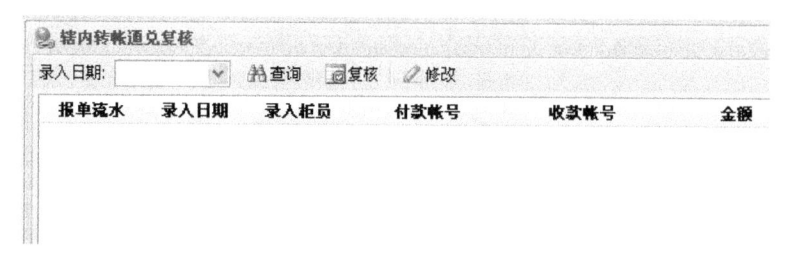

图7-16 辖内转账通兑复核界面

> **提示**
> ① 当辖内转账通兑业务复核完成并发现错误时,要进行联行错账调整处理,重新录入错账交易并复核,金额处录入等额负数即可。
> ② 进行联行错账调整处理,必须在所转账通兑金额未被使用的情况下进行,即转入账户余额大于等于调账金额。
> ③ 联行错账调整要起红字报单。

知识拓展

辖内转账通兑查询

进行转账通兑录入业务操作的临柜柜员可利用该交易对本网点自己所录入的转账通兑业务进行查询,并对已录入且未复核的转账通兑业务进行修改或删除。

> **提示**
> 已复核的转账通兑业务发生错误不能修改,只能进行联行错账调整处理。

单元3 同城业务操作

[训练目标]

通过本单元的练习,了解提出代付代收、提入代付代收业务操作流程;掌握相应业务操作要点。

> 您好,您办理什么业务?
> Hello, Can I help you?

> 我想从我在贵行开的账户上转些钱到我在中行的账户上。
> I want to transfer some money from my account in your bank to my account in bank of China.

同城业务是指我行客户与在同城他行开户的客户进行资金存取的业务。同城业务涉

及票据的交换，主要有提出、提入业务以及相应的资金清算。

提出业务包括：
- 提出代付（他行支票、汇票等）。
- 提出代收（税单、电话费、进账单的反存等）。
- 提出上场次提入代付的退票（本行的支票退票）。
- 提出上场次提入代收的退票（本行收款凭证的退票）。

提入业务包括：
- 提入代付（本行支票等）。
- 提入代收（本行收款凭证）。
- 提入上场次提出代付的退票（他行的支票退票）。
- 提入上场次提出代收的退票（他行收款凭证的退票）。

资金清算：

按当天交换场次提出提入轧差金额分别清算，结转到汇差科目。

知识拓展

同城交换的场次

一般而言，全天共有两场交换，早上的为一交，中午的为二交。一场完整的交换以切换场次为准，切换前做该场次的提出业务，切换后做该场次的提入业务。例如，一交的全过程包括：前一天下午的提出票据处理、晚上切换场次、第二天早上的提入票据处理，第一场资金清算完毕。

在实际工作中，支行营业部与下属营业网点的工作流程不尽相同，如表 7-1 和表 7-2 所示。

表 7-1 支行营业部的操作

步骤	时间	业务处理
第一步	早上开始办理业务后，收到客户存入的转账支票等单据时	临柜柜员进行"提出代付录入"和"提出代收录入"的业务操作，将票据相关信息录入系统，并换人复核，完成记账处理
第二步	上午 9 时左右，交换员从人民银行回来后	督察柜员审核提入代付和提入代收票据（一交票据），无误后在系统内进行"提入代付录入复核"和"提入代收录入复核"的操作
第三步	中午交换员进行二次交换前	临柜柜员进行"交换场次切换"的业务操作，将交换场次切换为"2"，根据实际核打票据（当日二交前所有能参加二交的提出票据）的数据录入相关要素，执行后如果与系统内数据相符，则完成场次切换，如若不符则失败。须重新查找原因，再次进行场次切换
第四步	下午交换员从人民银行回来后	临柜柜员再进行第二步的业务操作（二交票据）

续表

步骤	时间	业务处理
第五步		进行"提出代付批量入账"的业务操作,将上场次所有已交换未暂缓的提出代付票据进行批量入账,即一交提出代付批量入账
第六步	下午4时左右	临柜柜员再进行一次"切换场次交换"的业务操作,将交换场次切换为次日"1"场
第七步		进行第五步的业务操作,二交批量入账
每天要进行两次"同城资金清算"的业务处理,分别清算当天一交和二交的提出提入差额。该交易操作时间不固定,只要该场提出提入业务均已完成,当天的任何时间进行清算都可以		

> **提示**
>
> 在第二步中,如有提入对方行的退票,则柜员在系统内进行"提出代付退票"或"提出代收退票"的业务操作,并做好记录。
>
> 如遇有需退票的,在系统内进行"提入代付退票"和"提入代收退票"的业务操作,做好记录后将票据交予了换员。
>
> 如在人行退票系统查询到退票信息,则登记退票登记簿后进行"提出代付暂缓入账"的业务操作。

表7-2 营业网点的操作

步骤	时间	业务处理
第一步	早上开始办理业务后,收到客户存入的转账支票时	临柜柜员进行"提出代付录入"和"提出代收录入"的业务操作,将票据相关信息录入系统,并换人复核,完成记账处理
第二步	上午10时左右	临柜柜员进行"交换场次切换"的业务操作,将交换场次切换为"2",根据实际核打票据(当日二交前所有能参加二交的提出票据)的数据录入相关要素,执行后如果与系统内数据相符,则完成场次切换,如若不符则失败。须重新查找原因,再次进行场次切换。完成后将该批提出票据送支行营业部
第三步		督察柜员审核提入代付和提入代收票据(一交票据),无误后在系统内进行"提入代付录入复核"和"提入代收录入复核"的业务操作,即时入账
第四步	中午11时或下午2时左右	临柜柜员进行"提出代付批量入账"的业务操作,将上场次所有已交换未暂缓的提出代付支票进行批量入账,即时入客户账户
第五步	下午3时左右	临柜柜员再进行第二步的业务操作(二交票据)
第六步		重复进行第三步的业务操作(二交票据)
第七步	下午4时左右	再进行一次第四步的业务操作,即时入客户账
每天要进行两次"同城资金清算"的业务处理,分别清算当天一交和二交的提出提入差额。该交易操作时间不固定,只要该场提出提入业务均已完成,当天的任何时间进行清算都可以		

> **提示**
> 在第三步中，如有提入对方行的退票，则柜员在系统内进行"提出代付退票"或"提出代收退票"的业务操作，并做好记录。
> 如遇有需退票的，则做好记录后将票据交予交换员。
> 如在人行退票系统查询到退票信息，则登记退票登记簿后进行"提出代付暂缓入账"的业务操作。

> **注意**
> 各行具体的岗位分工会略有不同。

下面请跟我来看一看常见的提出代付、提出代收、提入代付、提入代收业务、同城资金清算业务。

1. 提出代付业务实训

提出代付业务是指提出代付票据录入的业务处理，即柜员收到客户存入要求代收款项的票据时，录入并复核相关信息，为准确办理同城票据交换奠定基础。此项业务，往往需要由临柜和督察（或业务主管）两名柜员共同完成，临柜柜员进行相应录入，督察柜员进行复核。

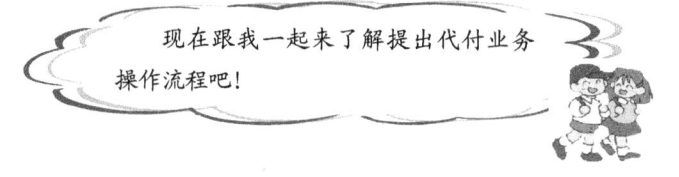

现在跟我一起来了解提出代付业务操作流程吧！

（1）临柜柜员审核客户提交的票据要素。

当客户提交支票等票据进行相应结算时，临柜柜员对票据有效性进行审核。

> **提示**
> 此项业务中涉及的票据主要是指支票、汇票等，并且票据收款人在我行开户。

> **知识拓展**
> 目前，全国支票影像交换系统在各银行进行运行。
> 全国支票影像交换系统是指运用影像技术将实物支票转换为支票影像信息，通过计算机及网络将支票影像信息传递至出票人开户银行提示付款的业务处理系统。支票影像信息包括支票影像及其电子清算信息。

197

目前，全国支票影像交换系统在各银行进行运行。

全国支票影像交换系统是指运用影像技术将实物支票转换为支票影像信息，通过计算机及网络将支票影像信息传递至出票人开户银行提示付款的业务处理系统。支票影像信息包括支票影像及其电子清算信息。

通过影像交换系统处理支票业务分为支票影像信息传输和支票业务回执处理两个阶段。支票业务回执是指出票人开户银行通过小额支付系统返还给持票人开户银行，对支票影像信息提示付款表明同意付款或拒绝付款的确认结果。

全国支票影像交换系统处理的业务是支票影像截留业务。

持票人(收款人)将支票送交其开户银行，开户银行采集支票影像，并按规定格式制作支票影像信息，在规定时间内提交全国支票影像交换系统。付款人开户银行收到支票影像信息进行核验无误后办理扣款，并将处理结果形成普通借记业务回执通过小额支付系统返回收款人开户银行。目前，全国支票影像交换系统支票影像截留业务单笔金额上限暂定为50万元，超过金额上限的支票不予受理。

（2）临柜柜员进行录入系统操作。

审核票据无误后，临柜柜员在主界面下选择：结算业务—提出票据业务—提出代付报单管理—同城提出代付录入，进入提出代付录入界面，如图7-17所示。

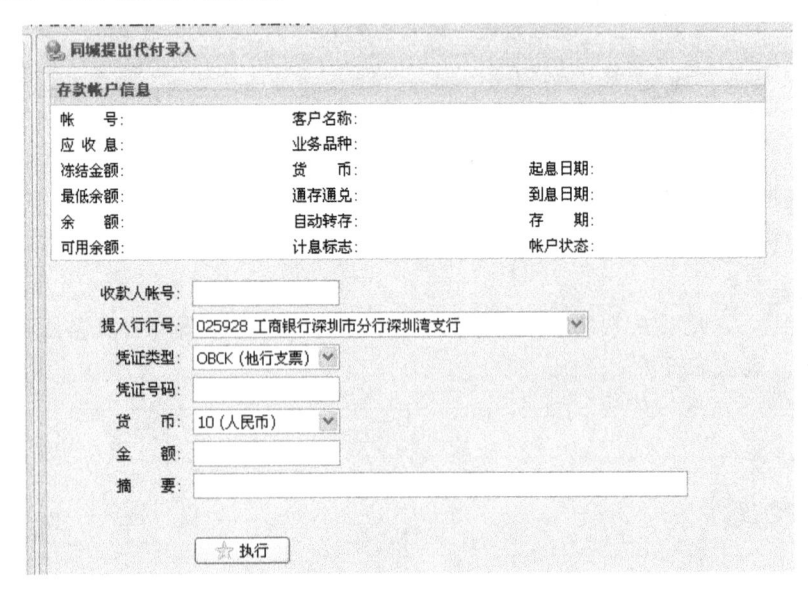

图7-17 同城提出代付录入界面

> 提示
> "收款人账号"是本部门开户的对公存款账户，"提入行行号"为对方行行号，录入后回车，自动显示对应行名称。

(3) 换人复核。

在临柜柜员进行完提出代付录入系统操作后，必须换由督察柜员（或业务主管）对录入业务进行复核系统操作，即在主界面下选择：结算业务—提出票据业务—同城提出代付复核，进入报单复核界面，如图7-18所示。

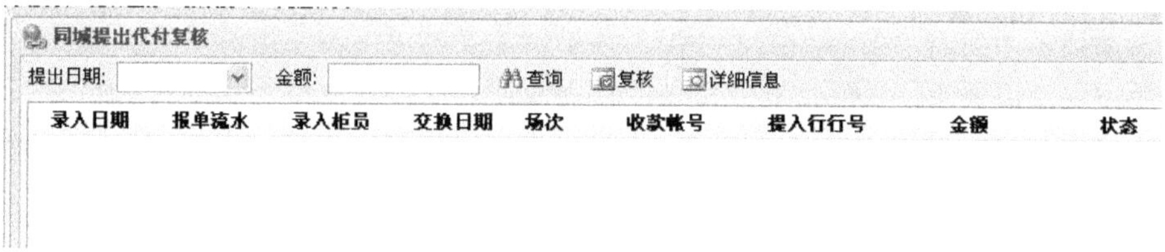

图7-18 同城提出代付复核界面

知识拓展

当银行提出支票被退票并且所退票据已通过交换到达银行时要进行"报单退票"的操作，完成后该报单的状态由"暂缓"修改为"退票"。

当对方行电话退票但抵用时间后未退回时要进行"单笔入账"的业务操作，完成后将该报单状态由"暂缓"修改为"入账"。

当提出代付票据到抵用时间后批量入账时要进行"批量入账"业务处理，完成后将票据状态修改为"入账"。

当提出代付票据在抵用时间内接到对方行电话退票时要进行"暂缓入账"的业务处理。

会计分录如下。

借：提出票据退票
　　贷：提入代付
借：待抵用票据
　　贷：提出票据退票

2. 提出代收业务实训

提出代收业务是指提出代收票据录入的业务处理，即柜员收到客户存入要求代付款项的票据时，录入并复核相关信息，为准确办理同城票据交换奠定基础。此项业务，往往需要由临柜和督察（或业务主管）两名柜员共同完成，临柜柜员进行相应录入，督察柜员进行复核。

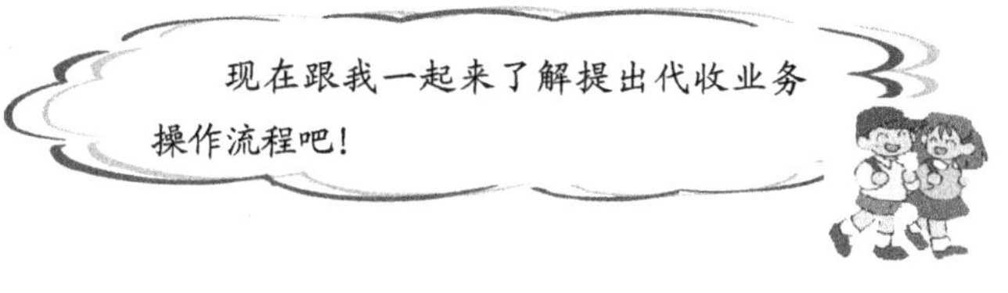

现在跟我一起来了解提出代收业务操作流程吧！

(1) 临柜柜员审核客户提交的票据要素。

当客户提交支票等票据进行相应结算时,临柜柜员对票据有效性进行审核。

> **提示** 此项业务中涉及的票据主要是指支票、汇票等,并且票据付款人已开户。

(2) 临柜柜员进行录入系统操作。

审核票据无误后,临柜柜员在主界面下选择:结算业务—提出票据业务—提出代收报单管理—同城提出代收录入,进入提出代收录入界面,如图7-19所示。

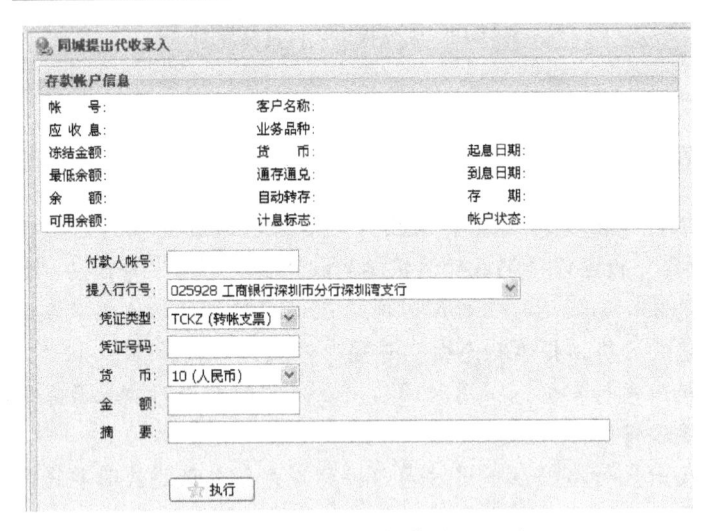

图7-19 同城提出代收录入界面

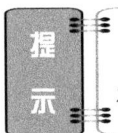

> **提示** "付款人账号"是本部门开户的对公存款账户,"提入行行号"为对方行行号,录入后回车,自动显示对应行名称。

(3) 换人复核。

在临柜柜员进行完提出代收录入系统操作后,必须换由督察柜员(或业务主管)对录入业务进行复核系统操作,即在主界面下选择:结算业务—提出票据业务—提出代收复核,进入报单复核界面,如图7-20所示。

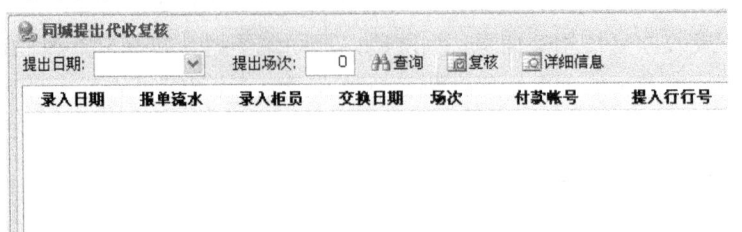

图7-20 报单复核界面

> **提示**
>
> 提出代收业务必须换人复核，系统检查付款账号是否存在，是否空头，检查付款凭证的合法性，核销支票。录入无分录。
> 复核后的会计分录为：
> 借：活期存款——付款人户
> 　　贷：提出代收

知识拓展

当银行提出票据被对方行退票并且所退票据已通过交换到达银行时要进行提出代收退票业务操作，即：结算业务—提出票据业务—提出代收报单管理—提出代收退票。完成后该报单的状态修改为"退票"。会计分录如下。

借：提入代收
　　贷：提出票据退票
借：提出票据退票
　　贷：活期存款或相关收款账号（贷方账号销户时直接挂账）

3．提入代付业务实训

提入代付业务是指提入代付票据录入的业务处理，即督察柜员收到通过交换提入的银行付款票据时，录入相关信息，完成账务处理。

由于支票号码由机器统一管理、资金清算也由系统完成，很大程度上避免了提入代付业务中错账和串户的可能性，因此不需要复核。录入要素后，系统自动检测该场次是否清差、是否是本行账户，该户是否空头、是否是本户支票，并核销支票。

> **提示**
>
> 只有在切换场次后才能做本场的提入业务。

柜员在主界面下选择：结算业务—提入票据业务—提入代付录入复核，进入提入代付录入复核界面，如图 7-21 所示。

> **提示**
>
> "付款人账号"是本部门对公存款账号，回车后显示对应付款人名称。

201

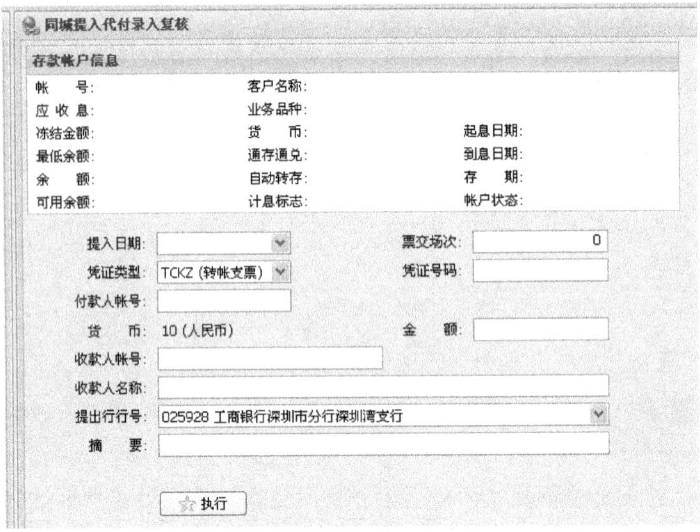

图 7-21 提入代付录入复核界面

知识拓展

提入代付票据（支票等）的退票作为提入账务参加本场次的清算，提出（退票）账务参加下一场次的清算，即在本场次算提入代付业务，在下一场次算提出业务把退票提走。

录入要素后系统检查场次是否有效，该账户是否是本所账号，如果要核销支票，凭证类型选转账支票，输入支票号码，系统检查支票是否属于该账户，是否被使用，并核销该支票。

会计分录如下。

借：提入票据退票
　贷：提入代付
借：提出代付
　贷：提入票据退票

4．提入代收业务实训

提入代收业务是指提入代收票据录入的业务处理，即对方行通过交换将票据提到银行，其中收款人在银行开户，包括收款凭证等。

提入代收也是由单个柜员录入，不需要复核。录入要素后，系统检查提入场次是否已参加了交换，已经完成本场次清算的场次不能再提入，检查收款人账号是否是本所账号。

柜员在主界面下选择：结算业务—提入票据业务—提入代收录入复核，进入提入代收录入复核界面，如图7-22所示。

图 7-22　提入代收录入复核界面

提示

"收款账号"是本部门活期存款账号，回车后显示对应账户名称。

知识拓展

提入代收的退票分两种情况：一种是先挂账，查明原因后再处理，或者手工入账或者在以后某场次退票；另一种是直接退票，在录入提入代收退票后，下一场次做提出业务把退票提出。

录入要素后，系统检查提入场次的合法性，完成清算的场次不能再提入，检查收款人账号是否是本所账号。

提入代收挂账的会计分录如下。

借：暂收账号
　贷：提入票据退票
借：提入票据退票
　贷：提出代收

直接退票的会计分录如下。

借：提入代收
　贷：提入票据退票
借：提入票据退票
　贷：提出代收

203

5. 同城资金清算实训

在完成一场交换的提出、提入票据处理后要做资金清算（提出代付的入账与资金清算无关）。同城资金清算交易即用于同场次提入提出资金差额的清算，所清算的必须为当日交换。

> 提示：提入退票的票据在本场次清算，提入票据退票的提出在下场次清算。

督察柜员在主界面下选择：结算业务—同城业务—同城资金清算，进入同城资金清算界面，如图 7-23 所示。

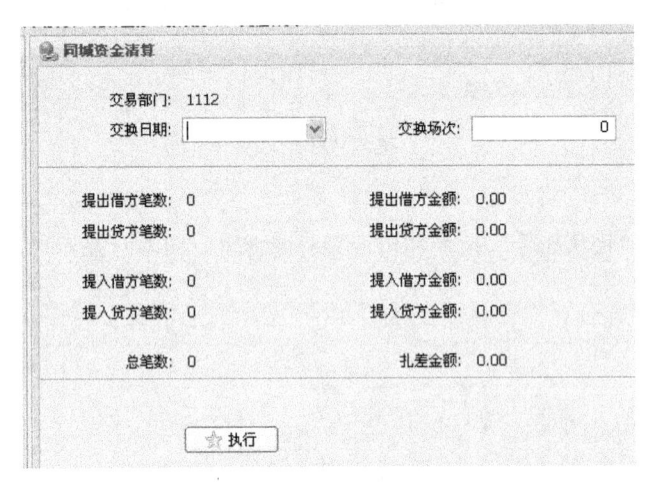

图 7-23 同城资金清算界面

输入交换日期和交换场次后，录入提出借方笔数、金额，提出贷方笔数、金额，提入借方笔数、金额，提入贷方笔数、金额，总笔数，轧差金额。系统自动校验该场次是否为当前场次，录入的票据金额和计算机汇账中的票据是否一致。其中：

提出借方=本场提出代付+本场提出的以前场次提入代付退票（银行收款）。
提出贷方=本场提出代收+本场提出的以前场次提入代收退票（银行付款）。
提入借方=本场提入代付+本场提入的以前场次提出代付退票（银行付款）。
提入贷方=本场提入代收+本场提入的以前场次提出代收退票（银行收款）。
"总笔数"是所有提出提入票据笔数之和。
轧差金额=提出借方+提入贷方-提出贷方-提入借方。

知识拓展

当发现提入票据录入有误或其他情况，可以取消本场次的同城资金清算，如图 7-24 所示。系统自动检查场次的合法性，找出本场次的清算表，生成红字账务，需手工填制冲账传票。

会计分录如下。

借：（红字）同城清算
　　贷：（红字）同场交换汇差分户

图 7-24　取消同城资金清算界面

模块 8　日终处理训练

作为一名柜员，每天办理完日常业务，必须进行日终轧账工作之后，才能退出综合应用系统；所有的网点营业终了后，必须进行柜员轧账和网点轧账，在账务轧平后，网点业务主管和主办方能离岗。

本模块主要介绍普通柜员在日终操作中，结平现金、核对重要空白凭证、结平账务的操作流程及操作要点，通过训练能够熟练操作：

- 结平现金。
- 核对重要空白凭证。
- 结平账务。

单元 1　结平现金

[训练目标]

通过本单元的练习，了解结平现金的操作流程。

结平现金主要是指柜员在日终时，清点现金实物，并将其与电子钱箱中的现金余额进行核对。

> 现在跟我一起来学习结平现金操作流程吧！

（1）清点现金实物。

柜员首先要对实物钱箱中的现金进行清点。

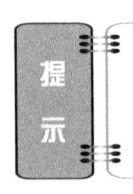

> **提示**　整点现金时，需要注意将残损币挑净，符合"七成新"标准。

（2）电子钱箱和实物钱箱余额进行核对。

柜员使用"查询钱箱明细"交易，查询自己保管的现金并与现金实物进行金额、券别双核对。

如金额一致，但券别不一致时，既可以使用"清点钱箱"选项，也可以使用"兑换钱币"交易调整券别张数，确保两者金额、券别完全一致。

金额、券别核对相符后，用"查询打印柜员现金日结单"交易打印出柜员现金日结单和柜员轧账表，与库存现金实物进行核对。

（3）上缴钱箱及现金。

柜员检查库存现金余额是否超过柜员日终限额，如超限额，则使用"现金上缴"交易将超限额上缴。再使用"缴钱箱"交易将柜员钱箱上缴给管库员。管库员使用"收钱箱"交易将柜员的钱箱收缴上来。

（4）业务主管复点。

现金实物由业务主管人员进行复点，并与柜员现金日结单核对，无误后在柜员现金日结单上签章确认。

> **提示**　现金、临柜业务印章、重要空白凭证、有价单证等重要物品核对无误后入箱，由经管柜员和会计主管加双锁；采用入零头包方式的，零头包由经管柜员加锁后交主出纳，由主出纳和会计主管加双锁。

单元2　核对重要空白凭证

[训练目标]

通过本单元的练习，了解重要空白凭证核对流程。

核对重要空白凭证主要是指柜员在日终时，清点重要空白凭证实物，并将其与电子钱箱中的重要空白凭证进行核对。

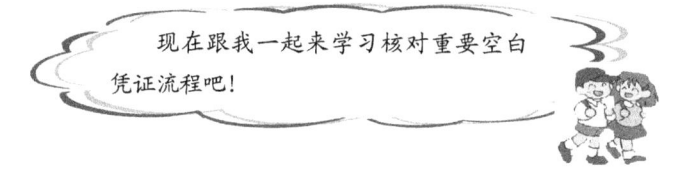

现在跟我一起来学习核对重要空白凭证流程吧！

（1）账实核对。

每日营业终了，柜员应将经营空白的重要凭证与相关登记簿进行账实核对，确保账实、账账核对相符。

> **提示**
>
> 重要空白凭证的出库、入库、出售、使用由系统自动登记分户账。出售和使用由系统自动销号,柜员日终打印"重要空白凭证销号表"、"重要空白凭证明细核对表"与实物核对。
>
> 系统不能自动销号的重要空白凭证,需建立《重要空白凭证、有价单证及其他有价值品保管、使用登记簿》,详细记载领、发、销、存情况,手工逐份销号,日终前按凭证种类汇总填制记账凭证,选择"表外收付"交易作账务处理。

(2) 打印柜员重要空白凭证轧账单。

打印柜员重要空白凭证轧账单,核对柜员保管的各种重要空白凭证的数量和起始号码,并与柜员重要空白凭证轧账单上的凭证数量、号码进行核对。

> **提示**
>
> 手工核对公式为:
>
> 今日余额=昨日余额 − 已使用(售出)凭证份数 − 作废凭证份数 + 领入凭证份数

单元3 结平账务

[训练目标]

通过本单元的练习,了解如何结平账务。

结平账务主要是指柜员在日终时,需要对其当日经办的业务进行账务轧平。

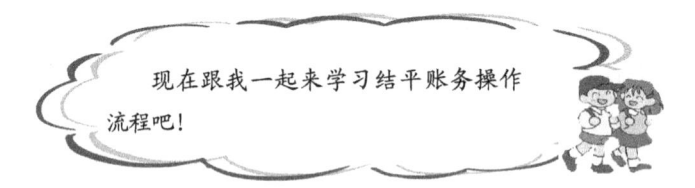

现在跟我一起来学习结平账务操作流程吧!

(1) 检查平账器。

柜员日终结束业务操作前,必须检查自己负责的平账器是否结平为零,对当日不能核销账项,应该挂账处理。次日对所挂账务必须查清原因,进行相应处理。

> **提示**
>
> 部门平账器未全部核销的,应打印"未核销账项明细表",提示接收柜员及时处理,对当日确实不能核销的账项,提请主管作挂账处理。

（2）打印报表。

柜员打印柜员平账报告表。

（3）整理核对交易清单。

整理核对交易清单时要注意：

① 交易清单的数量与柜员平账报告表上交易清单数是否相符，交易清单上的序号（传票号）是否保持连续。

② 按传票号从小到大的顺序整理、排列交易清单，原始凭证应作为交易清单的附件。

> **提示**　柜员轧账后不可以再进行业务操作，如果尚有业务需要处理，必须进行柜员平账解除，才可以继续做业务。

结束语（编者的话）

感谢大家陪着我一起走过这些日子。不管你是即将踏出校门，走向银行柜员岗位的毕业生，还是已在岗的工作人员，希望本书都能对你有所裨益。

现代银行业的创新发展，尤其加入世贸组织以及现代信息技术的运用，改变了传统业务的处理手段、程序乃至机构的内部管理等。近年来，国内商业银行均忙于新一代业务系统的升级及业务流程的改造。随着金融创新和信息化的不断发展，银行业务的重整将更加频繁。

面对飞速发展、竞争日趋激烈的现代社会，我们应该紧跟时代的步伐，不断学习，熟悉业务，更新知识，做创新发展的新一代银行人。

谨以此与大家共勉。